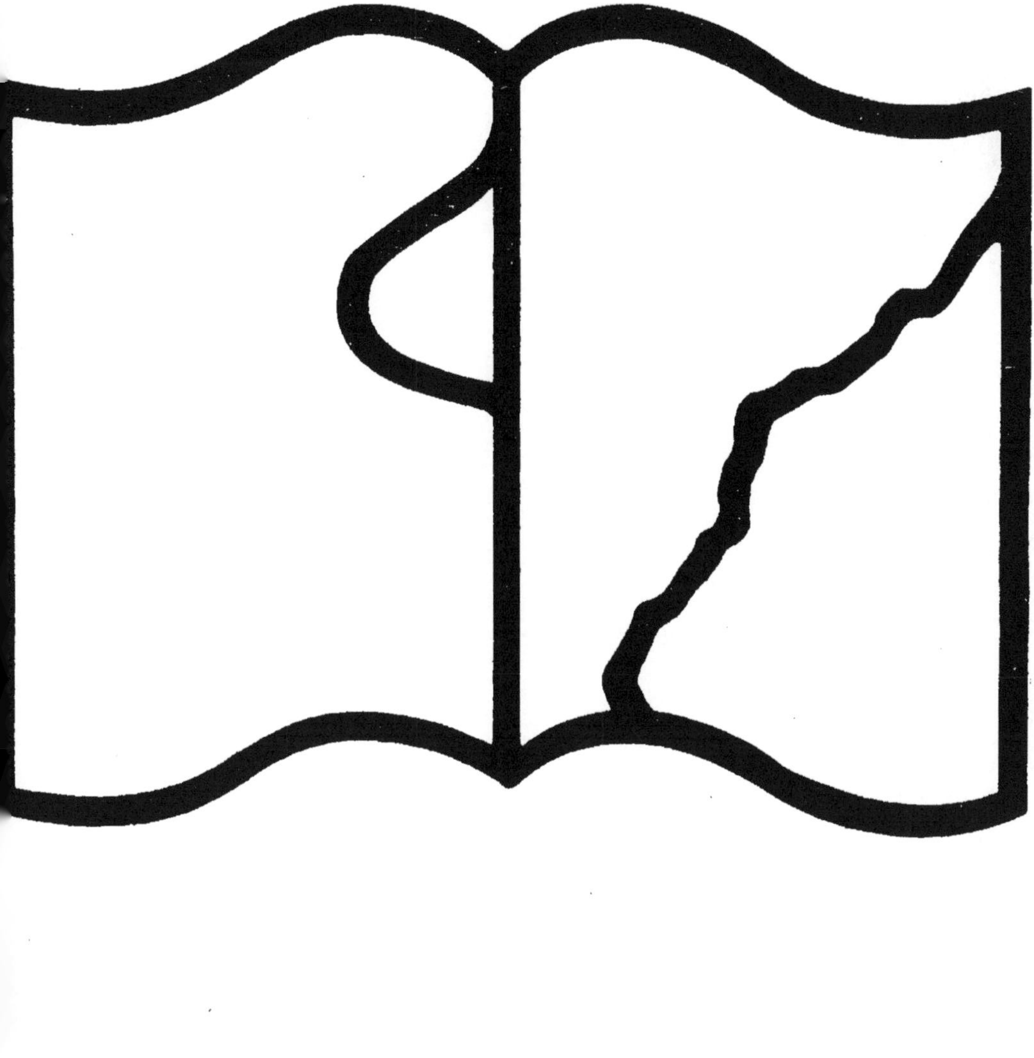

Texte détérioré — reliure défectueuse

NF Z 43-120-11

R

DE LA GUERRE.

DE
LA GUERRE.

OUVRAGE

DESTINÉ AUX VÉRITABLES GUERRIERS;

TRADUIT

DE L'ALLEMAND EN FRANÇAIS

PAR L'AUTEUR.

Sans peur et sans reproche.
Plus être que paraître.

PARIS,

DE L'IMPRIMERIE DE J. GRATIOT.

M. DCCC. XIX.

AVIS DE L'ÉDITEUR.

L'auteur, pour donner plus de cours à son Ouvrage, l'a traduit en français, sous les auspices d'un homme de lettres de cette nation.

Si, malgré la peine que celui-ci s'est donnée pour éviter des incorrections, il s'en trouve dans le style et la diction, le lecteur voudra bien les pardonner à un étranger, qui, tout en avouant les avantages de la langue française, ne peut néanmoins se flatter d'en connaître tous les secrets.

AVANT-PROPOS.

—

Un militaire qui ne se trouve pas occupé
par la guerre, n'a rien de mieux à faire
que de méditer sur son état.

Voilà l'origine de cet Ouvrage. La destinée se refuse-t-elle à nous mettre en activité, nous nous en dédommageons par
la réflexion.

J'ai cherché à considérer la guerre
d'après mes propres lumières, et j'ai
voulu faire part de mes réflexions au
public militaire, puisqu'elles ne me paraissent pas dénuées de fondement. J'en
appelle à ce public pour décider si j'ai
tort ou raison.

J'ai choisi la forme oratoire; mais ce
n'est qu'une fiction. Je me suis figuré un
auditoire qui aurait la complaisance de
m'écouter, et dont je pourrais me faire

entendre. J'ai parlé aux contemporains en pensant à la génération future.

J'invite mes lecteurs à ne faire attention qu'à l'esprit de mon Ouvrage. Je profiterai des avis que voudront bien me donner les juges compétens : je ne répondrai jamais à ceux qui ne le sont pas ; je n'ai ici d'autre intérêt que celui de la vérité.

(Janvier 1818.).

INTRODUCTION.

MESSIEURS,

LA guerre est peut-être l'affaire du monde la plus difficile, la plus compliquée et la plus importante. On n'en a pas toujours jugé sainement. Mais, celui qui se voue au noble métier de la guerre, doit savoir ce qu'il veut, et comment il se propose d'arriver à son but. Sans idées claires, on y joue un triste rôle. On s'égare dans de fausses spéculations, on confond l'essentiel avec les accessoires, et l'on prend une partie pour le tout; on se perd entre la pratique et la théorie, on est toujours en contradiction avec soi-même. Je n'ai rien à dire du penchant pour le métier des armes. Je le suppose, ainsi que le zèle et le goût, pour en acquérir les connaissances et les facultés nécessaires. Pour obtenir des succès à la guerre, il faut en avoir étudié la science; il faut savoir se rendre compte de ses causes et de ses effets; il faut en rechercher les principes, pour en déduire les conséquences. C'est pendant les jours de paix que les militaires doivent s'appliquer à connaître de quelle manière on peut faire la guerre avec plus d'avantage.

C'est une étude à laquelle je me suis livré. Et c'est le fruit de mes études que je me propose de vous offrir.

Je vous invite, Messieurs, à me prêter votre attention. Un soldat doit aimer la précision. Je ne serai pas long. Peu de mots et beaucoup de choses. Quelque difficile que soit l'objet, nous ne nous y arrêterons pas. Nous succédons à tant de générations, qu'il serait impardonnable de ne pas profiter de leur expérience. Un militaire ne doit pas être arrêté par de légères difficultés. Voilà ce que nous découvrirons dans la suite.

Les nations modernes doivent nécessairement aimer la paix et abhorrer la guerre. La paix est avantageuse à leur prospérité, la guerre lui est contraire. La guerre leur paraît donc un état contre nature, et un accident produit par la nécessité, ou plutôt par l'imperfection des institutions humaines. Car l'organisation actuelle des États, quoique regardée comme le plus grand des bienfaits de la civilisation, conduit trop souvent à la guerre, le plus grand des fléaux. Les peuples ayant des intérêts, des vues, des forces et des inclinations contraires, il en résulte nécessairement des discussions et des procès. Et comme on ne peut établir aucun tribunal pour prononcer sur leurs différens, ils se font justice eux-mêmes.

La guerre est donc le dernier des moyens d'un État, pour parvenir par la force à ce qu'il n'est pas possible d'obtenir par la voie d'accommodement.

Le but de la guerre est la paix. Ce peu de mots renferme beaucoup de choses. Je vous réitère la prière de me suivre avec attention.

Les conséquences qui en dérivent, sont générales ou particulières. Nous allons les examiner séparément.

DE LA GUERRE.

PREMIÈRE PARTIE.

CONSÉQUENCES GÉNÉRALES.

La guerre étant le dernier des moyens d'un État, il est clair qu'il doit s'y préparer. Si, dans l'organisation d'un État, l'on pouvait épargner tout ce qu'il en coûte pour se préparer à la guerre, le peuple y gagnerait. Mais cela est impossible. Pour sentir les efforts qu'un État est obligé de faire, il faut considérer : 1° les moyens et les préparatifs nécessaires *en temps de paix* pour faire la guerre; 2° les moyens et l'exécution pendant la guerre.

I.

PRÉPARATIFS POUR FAIRE LA GUERRE.

Il est une vérité incontestable ; c'est que plus il y a, dans un pays, d'idées et de vues saines sur la guerre, plus ce pays se trouve dans des dispositions favorables pour la faire à l'avenir, plus aussi ce pays produira de grands capitaines. Il y a des vues particulières à chaque nation, qui ne vieillissent jamais. Toutes les nations n'y sont pas encore parvenues. Mais cela ne prouve rien contre la règle générale.

Les lumières répandues sur la guerre font connaître les maux qui en résultent ; elles décident le patriotisme à les supporter ; elles peuvent élever jusqu'à l'enthousiasme l'attachement pour le prince et pour la patrie ; elles instruisent sur la véritable situation de l'État.

La guerre pèse sur tous les citoyens : ses causes, ses effets et ses inconvéniens devraient être connus de tout le monde. Il ne s'agit nullement de former de mauvais politiques ni des censeurs de la conduite des généraux, ou des faiseurs de projets dans le cabinet, mais de rectifier la masse des idées. Voilà ce qui est de la plus haute importance.

Il s'agit d'avoir des idées justes sur la nature de la guerre, sur les préparatifs et les charges qui en sont inséparables, sur la situation particulière d'un État ; de connaître les opérations militaires en général, et d'autres choses semblables. Plus ces idées sont claires,

plus elles ont d'influence sur l'opinion publique ; et plus elles paraissent claires à un
militaire, plus il doit contribuer à rectifier les
erreurs populaires répandues sur cet objet.

La politique est fondée en grande partie sur
la véritable manière d'envisager la guerre ,
adaptée à la situation particulière et géographique d'un État, à sa force physique et morale, à la comparaison des forces des autres
États et à leur besoins réciproques. Il faut donc
regarder la politique comme inséparable de
la guerre.

La politique veille à l'existence et à la
prospérité extérieure d'un État, ainsi qu'à son
intérêt individuel ; elle indique l'idée fondamentale, la direction et le but qui rapprochent
cet État des autres. Là où cessent les effets
de la politique, la guerre commence...

Elle fournit au chef ou au souverain la
raison d'État, et détermine le moment important
du passage de la paix à la guerre. La conservation de l'État doit , par une conséquence
naturelle , prévaloir sur toute autre considération. Ce n'est qu'après celle-ci que vient
la possibilité d'une prospérité intérieure et tout
ce qui s'y rapporte.

La politique contient le germe de l'organisation défensive et offensive d'un État. Toutes les deux sont essentiellement différentes; mais toutes les deux reposent également sur le poids spécifique des États, et doivent y être unies. Les grands États font pencher en leur faveur, par leurs propres forces, la balance politique. Les petits États peuvent la contre-balancer par leurs alliances et par ce que j'appelle la *force morale.*

Ces réflexions générales admises, nous envisagerons les préparatifs nécessaires pour combattre l'ennemi. Ils consistent dans les armées et dans les places fortes. On ne saurait déterminer avec précision la force de l'armée d'un État, ni combien il doit avoir de forteresses pour sa défense. Il faudrait choisir un pays quelconque pour nous servir d'exemple, sans quoi l'explication devient vague et inutile. Ce serait pour nous une vaine théorie que de vouloir déterminer la proportion des armées et des forteresses, ainsi que celle des armes différentes; cependant nous pourrons poser quelques principes généraux sur l'organisation de l'armée et sur la nature des places fortes.

Une armée est une machine extrêmement compliquée. Indépendamment des armes différentes dont elle se compose, on la divise ordinairement en troupes légères et en troupes de ligne : cette division n'est pas arbitraire ; elle est fondée sur la nature du choc des masses et de la résistance à leur opposer ; il ne s'agit que de savoir mettre en œuvre, suivant leur génie, ces troupes essentiellement différentes.

Le noyau d'une armée consiste dans les troupes de ligne de l'infanterie, de la cavalerie et de l'artillerie. Les grandes masses, placées aux endroits nécessaires, ont jusqu'à présent porté le coup décisif. Les troupes de ligne sont donc de leur nature destinées à former ces masses. L'essence de ces troupes est de présenter à l'ennemi une muraille impénétrable, de manœuvrer librement pendant l'attaque, et de déployer subitement leurs forces sur le point principal, à l'effet d'arrêter, d'intimider ou de tromper l'ennemi par une formidable apparence. Les évolutions inattendues, simples ou compliquées, suivant l'occasion, ont fourni aux grands capitaines les plus grandes ressources, et en fourniront toujours, pourvu qu'ils aient à leur disposition des troupes exercées à la manœuvre, et que les forces qui leur sont opposées, ne soient pas avec elles dans une trop grande disproportion. Au reste, le mouvement d'une armée en présence de l'ennemi ne suppose pas moins de sagacité dans un général, que d'agilité dans les troupes. Il ne s'agit pas seulement de l'agilité des troupes, mais aussi de trouver un terrain propre à tirer parti de leurs manœuvres. Conduire de cette manière les troupes, en donnant aux opérations une impulsion avantageuse, voilà ce qui dépend du général. Il faut convenir cependant que l'agilité de la manœuvre constitue les bonnes troupes. Un général qui sait la mettre à profit, remportera sans doute plus de victoires qu'un autre avec une armée moins exercée. Je ne prétends pas que ce raisonnement soit neuf, mais il paraît conforme à la nature de la chose, et digne d'être répété. Ce n'est pas seulement dans les guerres précédentes, mais encore dans celles de notre siècle que nous trouvons des exemples de l'effet produit par des masses concentrées.

Le noyau d'une armée est entouré de troupes légères ; elles forment les extrémités du corps de l'armée. Chaque armée a besoin d'elles, surtout une armée moins dressée ; car la guerre les améliore, tandis que celles qui combattent en masse, d'après une ancienne expérience, se détériorent par la guerre.

Je suppose qu'on est instruit d'avance de la destination et du service des troupes légères, et je me borne à faire une courte observation sur la différence qu'il y a entre elles et les troupes de ligne, surtout entre l'infanterie légère et l'infanterie de ligne. Celle-ci doit être forte par son indivisibilité, l'autre par la possibilité de se débander avec succès. Elle ressemble à un ressort dont l'élasticité est proportionnée à la pression. Son caractère consiste dans l'agilité de toutes ses parties, depuis l'officier qui se trouve dans un terrain coupé, jusqu'au simple soldat qui sait mettre à profit les moindres accidens; et, comme on ne saurait atteindre deux buts à la fois, cet exercice est le plus important pour l'infanterie légère; de même qu'il lui importe de bien viser, plutôt que de multiplier ses coups de feu, chose, au contraire, dont les troupes de ligne ne doivent jamais se croire dispensées, quoiqu'elles prétendent mieux viser aujourd'hui qu'autrefois.

La méthode de viser suppose un état plus calme que celui dans lequel le soldat de troupes de ligne peut se trouver dans une action. La poussière, le vacarme et la fumée, le mettent dans l'impossibilité de distinguer exactement les objets, et de mettre en joue à coup sûr. Tout ce qu'il peut faire, c'est de viser à hauteur d'appui; et les troupes de ligne, qui dans ce cas sauraient faire pleuvoir plus de plomb sur l'ennemi, et qui, par conséquent, tireraient coup sur coup, en remporteraient des grands avantages.

Mais, dans un combat où la débandade a lieu, la manière de viser l'emporte, et devient plus facile qu'en rang serré ; d'où il s'ensuit que l'infanterie légère doit y être plus exercée.

Dans une armée, chaque genre et chaque espèce de troupes a son génie particulier. Mieux vous saisirez cette idée, Messieurs, et mieux vous saurez apprécier le poste que vous occupez. Ce que je viens de dire n'est qu'un essai sur cette matière.

Parlons actuellement des forteresses. Il est étrange qu'il y ait aussi peu d'idées saines sur cet objet, quoiqu'il soit clair en lui-même. La première question qui se présente à notre examen est celle de la défensive.

On dit d'un pays, et avec raison, qu'il est ouvert, quand il n'y pas de places fortes. Car l'ennemi, pouvant disposer de tous les grands passages, de toutes les gorges et des rivières, ne trouvant aucun obstacle à ses opérations, peut manœuvrer aisément dans ce pays, et pénétrer jusqu'au cœur de l'État, sans courir des risques. Voilà le grand inconvénient de n'avoir pas de places fortes.

Il est donc prouvé qu'elles ont un rapport

direct avec les mouvemens des armées sur le théâtre de la guerre. Il faut se les représenter comme le point d'appui de l'armée défensive, qui, sûre de ses moyens de subsistance, peut se mouvoir avec plus de facilité.

Pour ce qui regarde l'offensive, quand la situation des forteresses abrège la ligne des opérations, alors, elles facilitent à l'armée d'attaque les moyens de se porter en avant. Car, plus l'armée d'attaque a ses dépôts rapprochés de ses derrières, et plus elle trouve, en cas d'échec, de points sur lesquels elle peut se replier, et plus aussi peut-elle reprendre l'offensive. C'est pour cette raison qu'une armée victorieuse, en poursuivant ses avantages, a besoin d'établir ou de conquérir de pareils dépôts et des points fortifiés pour appuyer ses opérations. Dans tous les cas, il est plus difficile de porter l'offensive dans un pays lointain, que dans un pays limitrophe.

L'offensive exige donc qu'on s'empare d'abord des places fortes et en général de tous les pays intermédiaires.

Le placement des forteresses, soit pour l'offensive, soit pour la défensive, offre un champ trop vaste à la théorie, pour pouvoir le parcourir en entier. Je me contenterai de proposer, à ce sujet, un petit nombre d'idées claires et précises.

Les places ne protègent immédiatement que ce qui se trouve à la portée du canon. Il faut qu'elles tombent quand on ne vient pas à leur secours ; elles gênent souvent les opérations défensives, parce que celles-ci pourraient être conduites plus facilement, s'il ne fallait pas, en défendant une place, pourvoir à ce que l'ennemi ne se rendît maître d'une autre. Tout cela est très-vrai : cependant il y a un point intermédiaire, auquel on n'a pas toujours fait attention. C'est pourquoi il faut bien se garder de céder, soit à ce raisonnement, soit à ceux que le général français d'Arçon avance sur le même sujet.

Le général d'Arçon, dans ses *Considérations militaires et politiques sur les fortifications*, propose de défendre une *frontière* (et déjà cette idée est fausse) par trois lignes de places fortes assez rapprochées les unes des autres. Dans ce système, il faudrait qu'une frontière de deux cents lieues de longueur fût protégée par cinquante forteresses, qui exigeraient plus de cent mille hommes de garnison. Cela seul en démontre le désavantage. Cela n'empêche pas que le général d'Arçon n'indique avec beaucoup de talent toutes les manœuvres que doit faire une armée, soit pour défendre, soit pour attaquer. Mais il veut trop conduire les événemens; il veut priver le hasard de toute influence; il prétend avoir toujours devant les yeux, comme un livre ouvert, la théorie de la guerre. Voilà précisément ce qui est impossible.

Les moyens de défense que peuvent fournir les forteresses, sont restreints à un petit rayon; ils sont en quelque sorte passifs, si on les compare avec les forces des armées qu'on peut faire mouvoir. Leur utilité est fondée sur la probabilité des secours qu'elles peuvent se prêter réciproquement. Comme établissemens permanens, il faut qu'elles aient du rapport avec les guerres à venir; et voilà pourquoi elles ne peuvent pas être situées seulement sur les frontières, parce qu'il n'est pas possible que le théâtre de la guerre y soit toujours placé, si ce n'est dans le cas où l'on rassemblerait sur les mêmes frontières une armée d'attaque. Mais alors il faut se presser de les franchir. Défendre, n'est pas fermer à l'ennemi l'entrée du pays, ce qui n'est pas possible. Défendre signifie plutôt chasser l'ennemi du pays. Cela est plus facile, lorsque l'ennemi ne peut pas combiner ses entreprises avec les obstacles dont nous avons parlé ; et c'est ce qu'empêcheront toujours les places fortes situées dans l'intérieur. On ne peut se former une idée plus claire de mon opinion qu'en jetant les yeux sur une carte des Pays-Bas, où les forteresses sont pour la plupart liées ensemble par des canaux, qui donnent à l'armée de défense une merveilleuse facilité pour le transport de ses convois. J'avoue néanmoins que mon système sur les places fortes ne pourrait être adopté dans tous les pays, si ce n'est par des raisons que nous développerons peut-être dans la suite.

Un pays ouvert suppose de plus grandes ressources dans le génie de celui qui le défend ; mais ces ressources ne peuvent jamais être entièrement remplacées par une ligne de fortifications, quelque rapprochées qu'elles soient les unes des autres. Cette vérité est importante à méditer : la théorie de la guerre a ses règles mathématiques ; mais la pratique ne rejette aucun des moyens que nous avons indiqués.

Au reste, tout militaire, quelle que soit son arme, doit avoir, sur le chapitre des forteresses, des idées nettes, s'il veut se former un tableau complet de son métier.

Quand un État a une armée dressée aux grandes

manœuvres ; quand il est défendu par une ou deux lignes de places fortes, bien réparées et bien approvisionnées, il n'a pas tout fait ; il lui faut encore d'autres préparatifs, s'il veut soutenir ou entreprendre la guerre avec succès. C'est ce que nous allons examiner.

Ces préparatifs consistent : 1° dans la réunion complète des matériaux nécessaires aux plans et aux projets éventuels ; 2° dans les plans et dans les projets eux-mêmes.

J'entends par *matériaux*, soit en temps de paix, soit en temps de guerre, les cartes géographiques, les plans topographiques, et les rapports les plus circonstanciés sur les différentes situations du théâtre de la guerre.

Quant aux cartes géographiques, elles sont absolument nécessaires, pour reconnaître les positions militaires, les passages, les vallées, les montagnes, les rivières et les routes, ainsi que tous les objets qui facilitent ou qui arrêtent la marche d'une armée. Les plus grands capitaines ont toujours puisé dans de bonnes cartes leurs plus hautes conceptions. C'est par elles, que l'on peut juger de l'espace et se représenter le temps nécessaire pour faire mouvoir les troupes.

Pour ce qui regarde les dessins topographiques

et les rapports sur situation, j'avoue, Messieurs, que l'abus que l'on en fait, leur a beaucoup ôté de la considération qu'ils méritent à d'autres égards. C'est que de notre temps on a perdu de vue le véritable usage des plans, sans faire attention que cet usage se trouve aussi borné que l'art lui-même.

Le but des plans est de pouvoir avec leur secours s'orienter sur un terrain donné, et de saisir d'un coup d'œil le parti qu'on en peut tirer. Un plan est donc le moyen de tirer parti d'un terrain, et rien de plus. Mais, s'agit-il de parcourir ou d'attaquer la contrée qui est dessinée, alors ce dessin seul ne suffit pas. Il faut voir le terrain lui-même : c'est le seul moyen d'en bien juger; par la raison toute simple que l'original fait une toute autre impression qu'une copie, qui est toujours imparfaite. Sur un plan, on ne voit qu'à vol d'oiseau; mais quand on se trouve sur les lieux, on est placé horizontalement. Ici paraissent sous un aspect différent tous les accidens du terrain, les parties hautes et basses, ouvertes ou coupées, plates ou escarpées. En outre l'on juge mieux, si l'on peut approcher d'un ruisseau, d'une prairie, d'un marais ou d'autres objets, en les voyant sur place qu'en les voyant sur le papier. L'art du dessinateur ne peut tout dire ni tout montrer : et s'il y parvenait, il tomberait dans une micrologie puérile. Un plan qui fait voir d'un coup d'œil tout ce qui est haut ou bas, qui indique dans le moment l'endroit où l'on doit se porter pour voir de ses propres yeux ; un tel plan suffit, qu'il soit dessiné d'une manière ou d'une autre. Ce qui est le plus simple mérite la préférence. Mais si, par exemple, une hauteur est marquée par une multitude de petits ou de gros traits, et qu'il faille le compas et l'échelle pour établir des comparaisons et obtenir une évaluation, alors ce dessin ne vaut rien. Et quand on se donnerait plus de peines, pour rendre sensible par des traits chaque pouce carré, la chose n'en deviendrait pas plus claire, parce qu'au fait cet art est limité et doit l'être. Il y a tant de sciences bornées dans la pratique, telles que l'arithmétique générale, la trigonométrie, les fortifications passagères ; pourquoi voudrait-on que le dessin n'admît pas de bornes ? Il peut être sans doute d'une grande utilité, pourvu qu'on n'en fasse pas un usage immodéré ; ce qui arrive, quand on croit juger exclusivement un terrain dans le cabinet ; quand on fait ses dernières dispositions d'attaque ou de défense ; quand on pose, en conséquence, ses vedettes, etc. L'art des reconnoissances est, dans ces cas-là, le seul vérita-

blement nécessaire, et rien ne peut le suppléer.

Si en général le dessin a ses bornes, le levé de
toute situation sans exception a également les
siennes. Cela n'aboutit à rien, car toutes les situations ne sont pas également importantes, et
un général ne peut pas toujours traîner après
lui tout un bureau topographique, ni une car-
gaison de plans (1). Une bonne carte particulière,
par exemple celle de la Prusse, rend beaucoup
plus de services que si tout ce pays était levé
scrupuleusement sur la plus grande échelle,
d'après la méthode de Lehmann ou de tout
autre. Il faudrait alors voyager sur des plans,
et malgré cela on ne verrait pas grand'chose.

----

(1) Ceci est cependant nécessaire, si l'on voulait faire
lever le plan de tout un pays ; car une province de
moyenne grandeur, d'environ douze cents lieues carrées,
quand elle est levée selon une échelle de 0,5 pieds par
lieue, produit environ cent vingt à cent trente sections,
dont il faut prendre, en campagne, au moins un exem-
plaire. Qu'on juge alors du travail qu'occasione une telle
carte, qui, pour que sa perte ne soit pas irréparable,
doit au moins se trouver par duplicata dans les archives,
et qui exige que des dessinateurs habiles travaillent au
moins deux ou trois mois à la confection de chaque section.

Les autres matériaux nécessaires pour faire la guerre consistent en voyages militaires et en mémoires topographiques. Mais il n'ont pas beaucoup de valeur, quand ils ne sont pas faits avec une extrême exactitude, ou quand ils sont rédigés pour la vanité de l'auteur, plutôt que dans l'intérêt public. Car, il n'y a pas moyen, en temps de guerre, de vérifier ce qui est faux, ou de *rectifier* ce qui n'est qu'erreur dans ces *mémoires* et ces *voyages*.

Ces sortes d'ouvrages ne sont vraiment utiles qu'autant qu'ils sont faits avec intelligence, sur les lieux mêmes, et par des hommes du métier, qui font de leurs observations des applications suivies aux opérations de la guerre, au passage des rivières, aux descentes sur les côtes, aux dangers des gorges, aux points de communication, aux environs des forteresses, etc. Ni les routes, ni les notices statistiques, que l'on peut trouver ailleurs, ne doivent y trouver place. Mais si l'on fait la reconnaissance d'un pays par un tout autre motif que celui d'entasser écrits sur écrits, et que le but en soit plutôt l'instruction particulière des individus qui en sont chargés ; si les auteurs ont été chargés d'inspecter et d'étudier un ancien théâtre de la guerre, leurs études alors peuvent servir au progrès de l'art militaire, leur ouvrage dans ce cas là peut être d'une grande utilité.

Je parlerai maintenant des matériaux pour faire le plan d'une guerre : ils me paroissent être d'une grande importance, mais ils sont fort rares. Ce sont de ces mémoires qui ne renferment ni hypothèses ni vaines idées, mais des vues nettes et des observations judicieuses sur la guerre, dans dans un pays déterminé.

Ces mémoires sont fort rares, disons nous, par plusieurs raisons, au moins dans les archives militaires de l'Allemagne. La première est la disette d'idées justes sur la guerre en général. Il y a des ouvrages sur l'artillerie, sur les fortification, sur la tactique, etc. Mais nous en avons peu qui enseignent la manière de lier toutes ces connaissances ; peu, par conséquent qui puissent réellement contribuer à l'instruction d'un militaire.

Cependant on ne peut puiser cette juste idée sur le tout, que dans l'histoire des guerres, et voilà ce qui exige beaucoup de talent. La preuve de cette vérité résulte de la manière avec laquelle on se joue de la soi-disant stratégie et de la tactique. M. de Bulow en a conçu quelques idées heureuses, mais elles ne me paraissent pas suffisamment digérées : car il voulait les donner selon les règles de l'école, dans un art où il n'y en a point. M. Bulow, tout fier d'avoir découvert une prétendue base d'*opérations militaires*, oublia, ou ne voulut pas savoir qu'en plusieurs circonstances cette base ne peut exister, et qu'à sa place il ne faut qu'un point d'appui, savoir, quand l'ennemi ne peut prendre de côté notre unique ligne d'opérations, rejetée par M. de Bulow, ainsi que l'armée autrichienne ne put le faire en 1809. quiconque croira donc, avec M. de Bulow, que la stratégie se trouve au delà, et la tactique en deçà de la portée du canon, sera dans l'erreur.

La situation particulière de l'Allemagne et de tous les autres Etats, ajoute encore à l'instabilité de l'idée que l'on se forme de la guerre. Dans une telle situation militaire, la différence des jugemens est d'autant plus grande que dans chaque nation il se trouve moins d'idées acquises sur cet objet. Le peuple qui depuis longues années a formé un corps de nation, se trouve dans une toute autre situation. L'Allemagne et l'Italie, par exemple, ces États principaux du continent, après la France (car les autres n'étaient pas parvenus au même degré de considération politique), se trouvaient partagés depuis des siècles en une multitude de petits États, dont l'intérêt particulier était souvent opposé à l'intérêt général.

La France est le seul pays qui depuis une longue suite de siècles est en possession, comme nation, d'un corps de doctrine et d'une histoire non interrompue. Ce peuple devait donc, comme nation, parvenir, par tant d'événemens, à des expériences générales qu'aucun autre ne pouvait obtenir.

Les Français, sous Charles VIII, s'emparèrent de Naples, et apprirent sans doute qu'on ne peut pas conserver une telle conquête, sans s'être préalablement rendu maître des pays qui se trouvent entre elle et la mère patrie. Henri IV sentit cette vérité, lorsqu'il échangea des conquêtes lointaines contre des provinces limitrophes (1).

Sous Louis XIV on s'aperçut encore bien plus de l'avantage de s'arrondir, et l'on fait tort aux hommes de génie de ce temps-là en ne convenant pas qu'ils convoitaient déjà à cette époque le Rhin comme limite de la France. Ils comprirent vraisemblablement que, pour rester maîtres du Rhin, il fallait d'abord s'emparer de la Belgique et de la Hollande, et que le Rhin et la Suisse étaient également nécessaires comme frontières avant de songer à former un établissement stable en Italie. Ils voyaient encore sans contredit

---

(1) Dans la guerre de Henri IV contre le duc de Savoie.

qu'un État aussi peuplé, situé derrière des frontières parfaitement arrondies, n'ayant autour de
lui que des voisins faibles, et loin de lui tous
ceux qu'il pouvait redouter; que cet État, dis-
je, pouvait établir un système de fortcresses
tel qu'il ne s'en trouve chez aucune autre nation.
Telles étaient peut-être les vues du maréchal de
Vauban, et non un système de cordon dont ce
grand homme avait voulu surcharger sa patrie
par tant de forteresses. Cette situation, ces entours, cet enchaînement de places fortes, ces
opinions, produisirent des vues nationales qui
devaient faire comprendre à l'homme le plus
simple que, quand on prend l'offensive en Flan-
dres, il faut se tenir sur la défensive sur le Rhin,
et *vice versâ*; et, comme l'intérêt de la nation
devait, depuis plusieurs siècles, être le même sur
les mêmes objets, *il en résultait* nécessairement
que les meilleures têtes durent partager les
mêmes opinions. C'est de là que se formèrent
tous les matériaux d'un bureau de la guerre,
dont l'existence prouve que mon opinion à cet
égard est fondée sur d'autres bases que sur de
simples hypothèses. Les Allemands doivent absolument se départir de cette manière de voir:
c'est pourquoi on ne peut déposer dans les archives de semblables matériaux, qu'autant que

leur excellence est reconnue par les meilleures têtes de la nation.

Voilà précisément ceux que j'avais en vue quand je parlais de mémoires militaires. Ils servent à perpétuer les traditions sur la guerre, et sont le résultat d'une pénétration ingénieuse. Peut-être en existe-t-il de semblables dans quelques cabinets de l'Allemagne ; mais aucune opinion généralement reconnue n'a sanctionné de pareils documens, qui sont au-dessus de leur siècle. Les opinions sur la guerre sont toujours incertaines, et on ne saurait prévoir le terme où elles pourront être fixées, quoique cela soit fort à désirer.

Aux matériaux succèdent les plans effectifs, reconnus et consignés dans les archives, tant pour la sûreté de l'État que pour les cas où il serait plus utile d'attaquer. La défense cependant, d'après la situation particulière d'un État, et selon des raisonnemens complètement achevés, est la chose principale sur laquelle on puisse statuer d'avance des règles satisfaisantes. Pour l'attaque, il faut l'abandonner au génie des temps à venir.

Ces plans se rapportent moins aux démarches à faire en particulier, qu'aux besoins qu'exige la guerre en général. Les principes de la force et de l'organisation de l'armée, ceux qui sont relatifs à la situation des places fortes existantes, et à la manière de se servir de l'une et des autres, l'examen scrupuleux des forces militaires des autres États, le temps nécessaire pour faire sortir l'armée de ses garnisons, et la réunir sur un point déterminé; voilà ce qui constitue plus ou moins l'essence de tels plans. Je ne prétends qu'indiquer en peu de mots l'utilité qui en résulterait. Il serait superflu de développer entièrement cette matière. Ces projets ne peuvent s'étendre tout au plus que sur des données générales; mais ces données peuvent être énoncées d'une manière si distincte, si claire et si invariable, qu'elles ne souffrent pas le moindre doute, et qu'un État puisse y puiser ses règles de conduite (1).

Plaçons enfin au nombre des préparatifs de guerre les ordonnances effectives, par lesquelles

---

(1) « Il faudrait que le système militaire qui doit garantir la consistance politique de l'État, fût composé de maximes si simples et de principes si évidemment sensibles, que les ordonnateurs ne puissent jamais s'y méprendre; que ramenés à ces résultats par conviction intime, ils fussent à l'abri des divagations qu'entraîne le choc perpétuel des opinions de robe. »

D'Arçon, *Considérations militaires et politiques sur les Fortifications.*

les troupes et les places passent de l'état de paix à l'état de guerre pour être armées et disposées à combattre. S'agirait-il d'épuiser cet objet important, il en faudrait traiter toutes les parties en détail, savoir, ce qui concerne les subsistances, et la mobilisation de tout l'attirail militaire.

Mais pour juger des difficultés et des efforts qu'elles exigent, il faut se contenter de proposer quelques idées fondamentales, d'après lesquelles l'ensemble doit être dirigé.

Ainsi, plus une administration est simple, meilleure elle est : personne ne peut en douter. Il faut que toutes les provisions soient faites d'avance; que chacun sache d'où il doit les tirer, de manière qu'il n'y ait que des ordres à donner; il faut que tout le personnel qui compose l'administration d'une armée soit nommé et déterminé jusqu'au dernier soldat du train. Y ajouterait-on, en le déterminant d'avance, le rassemblement partiel et total de l'armée, et les généraux qui doivent la commander? Alors le tout ressemblerait à une machine que, moyennant un seul ressort, l'on peut mettre en mouvement. C'est par là que l'administration de la guerre, en Prusse, s'est particulièrement distinguée dans le dix-huitième siècle.

Voilà, Messieurs, l'esquisse de toutes les dispositions qu'un État doit faire en temps de paix pour se préparer à la guerre. Vous conviendrez au moins qu'elles appartiennent à l'idée qu'on doit s'en former. Il ne me reste plus rien à ajouter à son développement, puisque je n'ai voulu qu'en indiquer les principaux caractères.

Elle peut s'appliquer aux objets dont j'ai parlé, d'une manière différente dans la pratique; mais le fonds doit rester irrévocablement le même, ou elle cesse d'être une règle. Il est essentiel de remarquer cette vérité, pour dégager autant que possible ces idées de toute espèce de formes arbitraires.

Par conséquent un État peut être organisé selon la manière propre du génie qui l'a fondé, sans cependant servir de modèle à un autre État. Tout grand homme organise une armée ou un État selon ses lumières et selon ses besoins, adaptés aux circonstances des temps et des situations. Il ne s'ensuit pas que cet ordre de choses soit le meilleur pour tous les temps et pour tous les pays. Tous les grands hommes agissent d'après certaines règles générales, mais aussi d'après les inspirations de leur génie particulier. Si les circonstances viennent à changer, il peut arriver que ce qui a réussi à l'un soit contraire à l'autre. Il en résulte que la chose principale consiste dans l'esprit d'une organisation; que cet esprit sort de la juste idée que l'on se forme de l'ensemble de la guerre, appliqué à la nature particulière d'un État, et qu'il ne doit jamais être question des formes, lorsqu'il s'agit d'exposer des principes.

Cette indépendance des idées saines sur la guerre, et la ressemblance sous laquelle elles se font apercevoir par les grands hommes de génie dans leurs organisations, quelque différentes qu'elles puissent être, méritent surtout d'être bien remarquées.

II.

DISPOSITIONS GÉNÉRALES PENDANT LA GUERRE.

Quand on pense au passage de la paix à la guerre, et combien les chances que l'on court sont dangereuses, on est bien convaincu que cette crise est de la plus haute importance.

Celle des parties belligérantes qui se décide la première, a le plus grand avantage de son côté, pour ce qui concerne le commencement des hostilités. La détermination de ce jour décisif est du ressort de la politique intimement liée à l'art de la guerre. De ce jour date véritablement le passage dont nous venons de

parler ; l'état intermédiaire a cessé, et la crise
est passée.

La décision prise pour faire la guerre doit
naturellement conduire à l'attaque, parce qu'il
n'es pas naturel de se laisser attaquer, c'est-à-
dire, de prévenir seulement le mal que l'ennemi
cherche à nous faire. Cependant il est des circonstances où il n'est pas possible de faire autrement.

A cette décision succèdent les données du
problème à résoudre : la manière de mettre les
troupes et les forteresses sur le pied de guerre ;
de rassembler les premières, et le temps qu'il
faut pour y parvenir : c'est ce dont il a déjà
été question.

Il y a deux espèces de plans à suivre : le
plan de campagne, et celui des opérations.
Le plan de campagne indique le but principal
des hostilités, et les démarches à faire d'après
leur division générale. Le plan des opérations
comprend les détails de toutes les entreprises,
des cantonnemens, des marches et des camps,
pour exécuter le plan de campagne selon son
début. Aucun plan d'opération ne peut être
calculé que sur le commencement, ou sur le
premier déployement stratégique de l'armée,
tout au plus jusqu'au premier événement dé-

cisif, parce qu'il est impossible de prévoir les chances des armes. La différence entre ces deux plans est que le premier embrasse tout l'horizon des événemens, et que l'autre se borne aux vues de détail. Le plan d'opérations peut être changé de différentes manières, quand il y a plusieurs voies pour parvenir au but. Le plan de campagne ne peut être changé que quand l'objet principal se trouve atteint plutôt, ou manqué par quelque événement heureux ou malheureux.

On peut, par exemple, avoir résolu de faire, d'un côté, une guerre d'observation, et d'un autre, entreprendre l'offensive avec la plus grande énergie ; et les événemens nécessitent un changement. Tel était le projet de campagne de Frédéric II, en 1756 et 1757, de jouer à l'ennemi un tour perfide et inattendu, pour couvrir ses États, et pour gagner du temps contre les autres ennemis qui le pressaient. Le prince Henri avait en 1759 également conçu le projet d'enlever à l'ennemi ses moyens de subsistance, pour le forcer à l'inaction pendant la plus grande partie de la campagne. En général, les projets de campagne de toute la guerre de sept ans consistaient à prendre alternativement l'offensive ou la défensive, en Saxe ou en Silésie, sur le Bas-Rhin ou dans la Hesse, suivant l'indication des événemens.

La considération des succès et des revers est aussi essentielle aux plans de campagne et à ceux d'opération, que dans toutes les entreprises que l'on fait dans la guerre. Rarement le succès répond entièrement au plan. C'est alors que l'on peut emprunter les paroles de Frédéric II : « Dans tous les projets que l'on forme, il faut « se contenter des *à peu près.* »

Le plan d'opération est toujours précédé de la détermination de la ligne d'opérations, c'est-à-dire, de la direction dans laquelle une armée doit se mouvoir jusqu'à un objet d'opération indiqué dans le plan de campagne. C'est sur cette ligne que l'on établit dans la suite les entrepôts des subsistances. Elle est donc importante, et son choix exige de la réflexion sur beaucoup de choses comprises sous cette seule dénomination.

Cette ligne est purement imaginaire, et ne demande aucune base mathématique. Ses qualités principales consistent d'abord à être la plus courte possible, et, si faire se peut, à s'appuyer sur une place forte ; il faudrait aussi qu'elle fût couverte, jusqu'à l'objet d'opération qu'on se propose d'atteindre, par l'armée même qui se dirige sur elle. Qu'elle ait au reste une base, des extrémités de laquelle on puisse tirer des lignes qui, en se joignant à l'objet de l'opération, fassent un angle de soixante degrés, cela n'est ni possible ni nécessaire dans tous les cas. L'ennemi voudrait-il, sans autres raisons, porter dans de grands éloignemens des détachemens contre cette ligne, il s'affaiblirait, et, sans des forces bien supérieures, il risquerait d'être attaqué et défait. Alors son détachement se trouverait essentiellement compromis. Il paraît donc que les lignes et les angles couchés sur le papier, sur lequel il n'y a que des lignes, ont donné lieu à des abstractions opposées à la réalité et à l'expérience, quelque profond que paraissé être le raisonnement de M. de Bulow. Car, s'il n'était pas possible de faire d'autres opérations que celles qui sont fondées sur une base de deux ou trois forteresses, certes il y en aurait eu peu d'heureuses jusqu'à présent. L'exemple déjà cité de la campagne de 1809, dans laquelle il ne pouvait y avoir d'autre ligne d'opération que celle qui longeait le Danube, confirme ce raisonnement. Car les Autrichiens, par leurs propres forces, ne pouvaient pas entamer cette ligne sur les derrières de l'armée française. Si elle avait été attaquée, les rapports dont nous avons fait mention auraient eu lieu. Et une base, qui aurait dû être donnée à cette grande ligne jusqu'à Vienne, ne peut être admise que dans l'hypothèse que le Rhin aurait dû servir à la former. Ceci n'est qu'une plaisanterie, puisque la chose peut se démontrer sans base. Il ne peut y avoir de base en Espagne, où une ligne d'opération traverserait tout le pays depuis Bayonne jusqu'à Cadix, Cependant cette ligne même sans base était à préférer, pour faire la guerre soit à droite soit à gauche, avec force et énergie contre une nation, à laquelle on ne peut pas reprocher le défaut de bonne volonté quand il s'agit de s'opposer valeureusement à une invasion étrangère. Cette ligne n'était même pas assez couverte. C'est pourquoi je pourrais ajouter sans témérité, que si une ligne d'opération était tirée de manière à pouvoir être couverte par l'armée qui se dirige sur elle, elle répondrait à toutes les attaques que l'on pourrait former contre elle.

Le premier objet dont il faut s'occuper dans un plan d'opérations conçu selon le projet de plusieurs mouvemens et de marches compliquées sur la ligne, consiste à mesurer l'espace et le temps. Ce n'est qu'après cette double opération qu'il peut être question de l'endroit et du terrain que l'armée peut occuper. L'espace qu'il faut parcourir, et le temps qu'il exige, donnent des indices sur la possibilité de l'exécution du projet, quand ils sont combinés avec ce que l'ennemi peut entreprendre. Dans la guerre, il ne faut jamais supposer un ennemi peu entreprenant, quand même il le serait. C'est pourquoi l'on doit déterminer comment il faut s'y prendre quand l'ennemi agit avec toute son activité. Nous dirons dans la suite un mot sur la connaissance du caractère de l'ennemi; nous ne parlons actuellement que de la règle. Quand l'espace et le temps sont hors de proportion, il faut que le génie du général sache, ou induire l'ennemi en erreur, ou lui cacher les mouvemens de son armée. C'est ce que l'on appelle faire la guerre par marches et contre-marches. Cette méthode ne convient qu'aux troupes et aux généraux qui s'y entendent; mais elle est aussi nécessaire pour l'offensive que pour la défensive.

Le terrain sur lequel une armée peut se trouver, mérite au reste la plus grande attention, surtout dans le voisinage de l'ennemi, et quand il se trouve de ces obstacles qui, relativement parlant, allongent l'espace à parcourir. Mais les considérations sur l'étendue de l'espace doivent toujours précéder celles qu'on peut faire sur sa nature particulière. Quant à la différence de ces deux observations, le jugement qu'on porte du terrain appartient au second ordre. C'est à lui qu'appartiennent de même les positions d'une armée, qui ne sont que des anneaux de la chaîne d'opérations, dont les plans, conformes aux desseins, doivent être autant de pas qui conduisent à la victoire. Nous en parlerons plus amplement.

Les plans de campagne sont ou offensifs ou défensifs. L'*offensive* ou plutôt l'aggression (qui dérive de la résolution de faire la guerre, puisque, en se défendant, on peut également prendre l'offensive) offre des moyens plus faciles et plus propres à parvenir à de grands résultats. Dans ce cas, celui qui est attaqué doit s'attendre à tout, et se mettre en mesure de tout faire pour repousser l'attaque. Tant que dure l'offensive, il se trouve dans une position forcée, dans laquelle il ne peut disposer librement de ses forces; ce qu'il peut faire de mieux est de repousser l'attaque de manière à reprendre lui-même l'offensive. Celui qui attaque et celui qui se défend se trouvent alors dans la nécessité de faire ce à quoi l'ennemi ne s'attend pas. Mais ce qui est inattendu, et ce qui produit un grand effet, peut être employé plus facilement par celui qui attaque, que par celui qui se défend. S'ils changent de rôle par un effet du hasard, ce doit être le résultat d'une force supérieure, ou l'effet du génie de celui qui se défend, secouru par un événement inattendu.

En attaquant, il est très-possible de prévenir l'ennemi : voilà ce qui est important dans toutes les circonstances de la guerre, et plus important encore au commencement des hostilités. Si l'on peut empêcher l'ennemi de déployer toutes ses forces de la manière stratégique dont nous avons parlé, le commencement de la campagne, souvent la campagne entière, et quelquefois la guerre elle-même est décidée d'une manière avantageuse. Prévenir l'ennemi consiste dans la prompte résolution d'en venir aux mains.

L'attaque produit un effet imposant sur l'ennemi : elle encourage le soldat, elle montre de la résolution en dépit de la valeur ; elle rejette en même-temps le poids de la guerre sur l'ennemi ; avec l'attaque, il est possible de vivre à ses dépens ; il n'y a qu'une armée victorieuse qui puisse le faire. Elle seule peut employer avec avantage le système réquisitionnaire ; mais si elle est entravée dans ses opérations, ce système tombe et doit être remplacé par un système de subsistances plus régulier. Ce dernier, ainsi que les préparatifs qu'il exige, sont requis dans tous les cas ; car les chances de la guerre sont variables : la réunion de ces deux systèmes est nécessaire et concourt à la victoire.

La défensive pourrait être stricte, en attendant de pied ferme l'attaque après le rassemblement de l'armée ; ou elle pourrait fonder ses moyens sur une contre-attaque. La première est diamétralement opposée au but que l'on se propose. Il ne reste donc que la seconde, dans laquelle il faut la plus grande pénétration, pour deviner les vues de l'ennemi dès ses premiers pas, et pour le rejeter lui-même sur la défensive, en se servant de ce qui est inattendu et en tirant parti des avantages de l'attaque dont nous avons parlé. C'est une lutte de talent et de génie dans les généraux, qui s'établit dès le premier pas, ou dès l'ouverture de la campagne, et qui se prolonge dans son cours.

La difficulté de reprendre l'offensive se prolonge jusqu'à la fin de la campagne, si la première tentative est faite en vain par celui qui se défend, et se renouvelle jusqu'à la fin de la guerre. Si l'on obtient un succès en se défendant, on entre alors dans tous les droits de l'assaillant. Voilà ce qui s'appelle *se défendre*.

Aux projets d'une campagne qui va s'ouvrir, succède leur exécution.

Je ne puis, Messieurs, vous présenter un tableau complet de ces entreprises, sans entrer dans des raisonnemens qui, malgré leur étendue, seront toujours imparfaits. Ce que j'écris ici n'est pas une théorie. Je trace une image de la guerre, dont les contours doivent être très marqués.

Je commence par dire que les projets ne peuvent porter que sur le commencement des opérations ; tout ce qui s'étend au - delà du début est du nombre des spéculations qui, déjà incertaines dans les abstractions générales, le sont encore plus quand il s'agit d'en faire l'application. Il existe sans doute des théories sur les démarches isolées à faire dans la guerre ; mais une connexion abstraite et systématique est imposible. Les théories ont le défaut, ou d'être trop générales et par là sujettes à des modifications sans nombre, dans lesquelles se rencontre précisément la plus grande difficulté, qui ouvre un champ nouveau au génie inventeur ; ou elles ont celui d'être extrêmement vagues et de ne pouvoir être appliquées qu'à certaines circonstances, qui sont exposées à des vicissitudes éternelles, soit par les chances du hasard, soit par les combinaisons de l'ennemi. Les remarques qu'on peut faire sur une campagne finie ne se reproduisent jamais de la même manière dans une autre campagne. Une guerre, différente dans son principe, paraît toujours prendre une nouvelle forme dans ses détails. L'esprit de la guerre reste cependant le même. Mais l'exposer systématiquement dans une théorie, *voilà à quoi on ne parviendra jamais*. C'est pourquoi il n'y aura jamais d'ouvrage complet pour enseigner l'art de la guerre, et il sera toujours impossible, en dépit de la perspicacité de l'homme, de l'apprendre dans les livres. Il est bon d'être instruit d'avance de cette difficulté, ne fût-ce que pour apprendre à connaître celles qui se rencontrent dans l'étude de la guerre, proprement dite. La véritable réflexion, faite de sang-froid et avec beaucoup de pénétration, adaptée à la guerre, ressemble à la guerre même. Cette réflexion doit être sérieuse et sévère, elle suppose une force d'esprit toute particulière. L'idée de la guerre, nuancée jusqu'à l'infini, susceptible de modifications sans nombre, est le principe de cette réflexion. Veut-on sortir de cette idée, il est impossible, même au plus grand génie, de fonder un système solide. Mais cette idée même doit être claire, distincte et approfondie. Telle est mon opinion. On a déjà fait un grand pas quand on est parvenu à la connaissance de cette vérité, pour ne pas vouloir classer et démontrer d'une manière systématique tous les événemens qui peuvent arriver dans la guerre. Il est une science qui dans ses progrès modernes peut nous servir de guide, c'est la philosophie. Que d'après elle se forme donc une philosophie guerrière. C'est à elle à prouver que la théorie de la guerre étant fondé sur des principes empiriques, le chapitre des probabilités doit être uniquement reservé aux inspirations du génie.

Si je me permets donc d'émettre quelques idées sur l'exécution en général, je ne m'en tiendrai pas servilement à la lettre, mais je chercherai plutôt à dépeindre l'esprit qui doit y régner. J'énoncerai mes réflexions sur les points capitaux d'une campagne. Ces points sont : 1° les préparatifs pour quelque événement important ; 2° les suites de cet événement, soit après la victoire, soit après un échec.

Ce n'est pas que l'on puisse toujours déterminer dans un plan d'opérations tous les préparatifs pour un événement décisif. L'ennemi peut les rendre inutiles, et forcer à des mesures que l'on ne pouvait pas prévoir. Si donc le premier déployement de l'armée a eu lieu dans les positions que l'on a jugées propres à l'exécution de nos desseins, il s'agit de porter la force des opérations sur les parties du théâtre de la guerre où il doit y avoir un coup décisif.

Par conséquent il faut que l'armée soit placée de manière qu'une telle concentration soit
possible. Ceci est un véritable théorème.

Jugez maintenant, Messieurs, à combien
d'applications il est assujetti, et combien est
grande l'influence des accessoires, celle des nouvelles de l'ennemi, de l'attention sur ses mesures,
et enfin de l'art de saisir le véritable instant. Ce
premier début est le champ d'activité et de l'emploi des troupes légères. Si l'on manque à les
employer à temps et que l'on reçoive de faux
rapports, on peut être entraîné dans les plus
grandes méprises.

Les connaissances géographiques du théâtre
de la guerre et des localités du terrain où l'on
se trouve, sont aussi nécessaires à un général
qu'à un officier subalterne qui conduit une pa-
trouille ; non pas pour s'y borner littéralement,
mais pour les digérer selon les indications que
nous avons fournies. Chaque pas que fait une
armée, d'une position à l'autre, est marquant
pour ce qui doit en résulter. Voilà le véritable
point de vue, sous lequel vous devez envisager
ces positions, à l'exception toutefois de celles
que l'on regarde comme dernier refuge, lesquelles sont fortifiées de tous les côtés. C'est à

cette occasion que je vous prie de me permettre quelques observations. Une position ne peut donc qu'être relative, et l'on ne saurait soutenir qu'il y ait de bonnes positions dans un sens absolu sans en démontrer les raisons. Vient ensuite le jugement sur le terrain, qui doit toujours être conforme aux règles connues, et le meilleur qu'il soit possible de trouver dans la contrée.

Conformément aux dispositions précédentes sur la force des opérations d'une armée, c'est-à-dire, de ses plus grandes facultés, il s'agit, ou d'engager l'ennemi à prendre des mesures désavantageuses, ou de l'attaquer sur son côté faible avec des forces supérieures. Le premier cas a lieu par des marches qui décident l'ennemi, ou à étendre ses forces, ou à dégarnir le véritable point d'attaque. Le résultat de cette opération est de percer le point le plus faible de l'ennemi, ou de le tourner d'une manière quelconque. La solution de ce problème difficile suppose une grande sagacité, si l'on ne veut pas tomber soi-même dans le piége tendu pour les autres. Elle décide de la supériorité des généraux entr'eux. En faisant cet essai, ce ne sont point les règles de l'art qui le dirigent, c'est le caractère du capitaine qui en décide le succès. Si l'ennemi ne se divise pas, la résolution de le tourner, ce qui ne peut s'effectuer qu'avec une partie de l'armée, peut produire la perte de cette partie, si l'ennemi est diligent et qu'il s'oppose aux vues de son adversaire en le prévenant. Le véritable moment pour l'ennemi n'a lieu que quand nos desseins se sont développés, pour attaquer, soit avec nos forces principales qui étaient divisées, soit avec le détachement qui doit le tourner. Etre tourné, n'est pas chose aussi dangereuse qu'on le pense, quand celui qui doit l'être, sait prendre son parti à propos. Au contraire, pour celui qui attaque, le moment décisif de l'opération arrive précisément quand celui qui est attaqué peut prendre une résolution téméraire, c'est-à-dire, quand il en reconnaît la possibilité. Il importe pour celui qui attaque, d'avoir fait des préparatifs qui lui permettent de secourir avec toutes ses forces la partie de son armée qu'il a fait avancer, ou celle qu'il a tenue en réserve, aussitôt que l'ennemi commence à faire une contre-manœuvre. Une bataille doit alors décider du sort des deux armées.

Ces projets d'opérations sont difficiles et d'une grande conséquence pour toutes les deux. Il s'agit de juger du moment, et de prendre, sans perdre de temps, une détermination décisive, sans quoi toutes les combinaisons sont nulles.

Attaquèr le côté faible de l'ennemi, non pas sur un petit terrain que l'on puisse aisément parcourir des yeux; mais attaquer le côté faible de sa force déployée sur toute l'étendue du théatre de la guerre, voilà la grande difficulté.

La contenance et la tenue de l'ennemi nous montreront s'il devine ou non nos desseins, et et dès qu'on s'aperçoit qu'ils les a devinés, le moment décisif est arrivé; il faut abandonner le projet, et en adopter une autre conforme aux circonstances, ou bien attaquer promptement et se battre sans délai.

L'ennemi qui se tient serré est toujours un objet imposant. N'est-il pas possible de le prendre dans un sens où il doive se battre avec désavantage, non-seulement du terrain, mais aussi de la direction de sa retraite supposée ; ne pouvons-nous l'y contraindre qu'en nous mettant nous-mêmes dans une situation désavantageuse ? Alors l'équilibre des avantages est prêt de faire pencher la balance en faveur d'une des parties combattantes. Il est contraire à l'idée de toute opération militaire d'admettre un équilibre permanent. Si cela était, le succès d'une stricte défensive serait possible. Mais les talens des généraux décident toujours, et plutôt par des mouvements faits en temps utile, qu'en s'arrêtant aux localités. Ce dernier moyen ne doit être employé qu'à la dernière extrémité.

La décision des préliminaires pour une campagne est fondée sur le succès éventuel d'une bataille. Avant le combat, on peut la regarder comme le résultat d'un nœud qui doit être définitivement dénoué, ou plutôt tranché par la victoire. Vouloir ajourner un tel événement, c'est paraître craindre une décision. Celui qui fait une guerre offensive, et qui cependant évite une affaire décisive, travaille contre le but de la guerre en général, et toujours contre celui qu'il se propose, à moins qu'il n'ait à faire à un ennemi plus faible que lui.

Fabius le *Temporiseur* nous offre un modèle de la *défensive*, et un phénomène d'une espèce rare : on pourrait dire que c'est une comète qui n'a pas encore reparu.

Fabius, voyant en quoi Annibal et les Carthaginois étaient supérieurs à lui et à son armée, évita les grandes batailles, après lesquelles courait Annibal. Pourtant il ne resta pas dans l'inaction. Il fit une guerre de marches et de contre-marches, dans laquelle il sut mettre l'ennemi dans la dépendance de ses mouvemens. Le résultat des opérations de ce temporiseur fut de réduire

Annibal aux abois, et de le placer dans une situation désavantageuse qui aurait entraîné sa ruine sans un stratagème heureux qui le sauva. La temporisation des généraux modernes qui ont voulu s'appuyer de cet exemple n'a jamais produit un tel résultat. Ils n'ont donc pas le droit de se comparer au sage Fabius, ni d'appeler leur inaction souvent produite par une faiblesse d'esprit et de caractère, une *temporisation* fondée sur de sages réflexions. Cette dernière est incompatible avec toute offensive, et ne doit être considérée que comme le chef-d'œuvre de la défensive.

C'est par une bataille que commence une nouvelle période; car toute bataille, même celle qui n'est pas décisive, produit néanmoins un changement quelconque dans l'ordre, la marche et les dispositions des deux armées.

C'est en vain que l'on a cherché à énumérer les cas où il faut accepter ou éviter une bataille. C'est chercher une *inconnue*. Le véritable état de la question se réduit à n'accepter jamais la bataille, mais à la donner toujours. Cependant ceci n'est pas une règle immuable, ce n'est que l'esprit de la règle. Car celui qui est attaqué, n'est pas toujours celui qui accepte la bataille.

Le général qui, pour en venir à une affaire

a disposé ses moyens de manière que le gain puisse dans tous les cas surpasser la perte, obtient un grand avantage. Cet avantage est décisif, quand l'ennemi peut être rejeté loin, et même coupé de ses principales communications. Mais le succès ne couronne pas toujours un tel plan.

Jusqu'au commencement du combat, c'est la tête seule du général en chef qui conduit et règle tout. Mais, une fois l'action engagée, la fortune reprend ses droits, quelque braves et bien exercées que soient les troupes. Elle partage, au moins, l'honneur du succès avec le capitaine qui sait conduire une bataille avec autant de courage que de talent. Par la tournure que prend un combat, le général voit d'avance, et prend les mesures qui doivent assurer la victoire, ou rendre sa retraite moins périlleuse.

Il est donc superflu d'en dire davantage; car il est bien peu d'hommes destinés par le sort à occuper la place éminente de général en chef.

Les suites d'une bataille sont différentes, et ne sont pas toujours en proportion avec les causes qui ont forcé de la donner. Elles dépendent de l'impression que fait la perte sur celui qui est battu, ou que produit la victoire sur celui qui l'a remportée, et des moyens que tous les deux ont en leur pouvoir et dont ils savent tirer parti. Il faut avoir égard à cette impression, et ne pas croire que le vainqueur, ou celui qui est vaincu, se trouvent toujours dans un état favorable à une réflexion calme, ou même dans des dispositions d'esprit qui leur soient communes. Ajoutez la discipline différente des troupes, et la confiance que les vaincus mettent encore dans leur chef. Au reste, il est évident que les suites d'une victoire ou d'une défaite sont plus ou moins étendues, suivant le caractère et le talent des généraux dans l'une et l'autre hypothèse.

Le chef doit donner ses ordres. Et c'est à celui qui les exécute, et qui surtout commande une division, à se pénétrer du sens de l'ordre qu'il a reçu. Quiconque n'a pas l'esprit de prendre d'avance des mesures dans les deux supposi-tions, est indigne de sa place. Un des plus grands capitaines de l'histoire moderne et celui qui a le plus éprouvé de variations dans sa vie militaire, Frédéric II, se plaint d'avoir été forcé dans ses guerres de *mettre trop à jeu*, et de prendre souvent des partis extrêmes. Cette plainte pourrait donner lieu à un long commentaire, car sa témérité dans les désastres, et avec aussi peu,

de moyens d'attaque, éleva ce grand roi au-
dessus de tous ses rivaux, et lui mérita les faveurs
de la fortune, qui protége toujours les témé-
raires. Si donc on a raison de censurer ce qui est
trop hasardeux, ce n'est qu'après une entreprise
hardie, conduite avec valeur jusqu'au moment
où elle vient à manquer. Voilà ce que le guerrier
ne doit jamais se permettre; car ni les raisons
qui font décider une entreprise, ni la confiance
de celui qui s'en charge, ne peuvent être soumises à l'analyse de la froide réflexion.

Une armée se trouve souvent dans la nécessité de reprendre l'offensive, immédiatement
après une victoire, lors, par exemple, qu'un
nouveau déployement des forces, ou de nouvelles manœuvres de l'ennemi l'obligent à
changer son plan d'opérations.

Une armée battue, après s'être remise des
suites de sa défaite, cherche à rassembler ses
forces, et se rallie par la ligne la plus courte.
C'est pourquoi la direction selon laquelle l'attaque a eu lieu avant la bataille perdue, est
importante à observer de la part de celui qui
est vaincu, relativement à sa retraite. Cette
direction doit être fondée sur le choix de la
ligne d'opérations, qui, s'il est possible, doit
s'appuyer sur une place forte.

4.

Si l'ennemi pénètre avec des forces supérieures vers un point qui doit être défendu à
tout prix, tel, par exemple, qu'une capitale;
alors la défense se fait, non pas en se plaçant
directement devant le point que l'on veut défendre, ou en opposant toutes ses forces droit
à l'ennemi, mais en choisissant de côté une
position, par laquelle on reste maître de la
direction, d'où l'on puisse tirer des subsistances,
et en cas d'échec, se retirer en bon ordre : dans
cette position on peut, en faisant des mouvemens
et des attaques, empêcher l'ennemi de parvenir
à son but.

Une position prise directement devant l'objet
à défendre, expose l'armée, qui défend, au danger
d'être totalement ruinée par la perte d'une seconde bataille. Alors tout est fini. Il vaut infiniment mieux ménager cette armée qui peut
reconquérir ce qu'on a perdu, que de la sacrifier
à un vain désir de gloire, ou à un mouvement
aveugle de vengeance. La conservation d'une
armée est la chose la plus importante, et à laquelle nulle autre ne peut être préférée.
Quand même une position qui se trouve directement devant un point, n'exposerait pas l'armée
à un tel danger, toujours est-il possible, dans
cette circonstance de l'exposer à se voir tournée,

ainsi que l'objet qu'elle doit défendre. Ceci peut être évité par d'autres moyens. Si, par exemple, l'armée qui se tient sur la défensive, se trouve placée de côté, et sans paraître défendre les passages qui mènent à la capitale, l'ennemi peut essayer d'y marcher, soit avec un détachement en laissant le gros de son armée en observation, soit en laissant un détachement devant l'armée de défense et en marchant avec la sienne vers la capitale.

Dans tous les cas, il faut qu'il s'affaiblisse. Alors il serait temps de l'attaquer avec avantage. Ainsi le danger de l'objet à défendre n'est qu'apparent dans les deux cas, et moins important pour la conservation du tout, que si l'armée de défense se fût placée immédiatement devant l'ennemi; supposé cependant que l'ennemi reste serré, la décision du sort de la capitale dépend d'une bataille, laquelle ne peut avoir, ni pour la ville ni pour l'armée, les suites désastreuses dont nous avons déjà parlé. Au reste tout dépend de la manière de saisir le moment décisif; ce qui regarde toujours le général en chef.

La dernière extrémité à laquelle une armée battue puisse être reduite, est de chercher une position qui lui serve d'asile; telle que celle de Bunzelwitz, en Silésie, en l'année 1761. La quantité des subsistances qu'elle emmène avec elle décide de son sort, si elle a le bonheur d'avoir affaire, comme alors, à un ennemi désuni. Hors ce cas, le *champ d'asile* devient un champ de mort.

Mais lorsqu'une armée battue peut se retirer sur la ligne d'opérations, elle se trouve en état de rassembler de nouveau ses forces et peut reprendre l'offensive qui lui a été ravie. Cette situation peut devenir l'objet des réflexions des plus habiles militaires.

Le secours des places fortes et leur vigoureuse résistance, la nécessité de contraindre l'ennemi à décider par une seconde bataille le siége qu'il avait entrepris, c'est sur quoi se fonde celui qui ose reprendre l'offensive, sans laquelle il ne peut obtenir de succès décisif. Avec l'offensive, il peut revenir au plan primitif de la campagne. Mais alors il faut avoir recours à de nouvelles combinaisons.

Les grands efforts que doivent faire les deux parties combattantes sautent aux yeux par ce que nous venons de dire ; et c'est ce qui dépeint la guerre telle qu'elle est. On a fait un outrage au sens commun en regardant la guerre comme un jeu auquel on peut n'employer qu'une partie des forces du pays. Certes la guerre n'est pas un jeu. C'est un état violent, et qu'on ne peut faire cesser qu'en y déployant ses plus grandes forces.

C'est sur cette grande vérité bien entendue, que repose tout ce que l'on veut et comme on le veut faire, non pour diminuer le mal par des palliatifs, mais pour le guérir radicalement.

Il s'agit surtout d'obtenir une prépondérance sur l'ennemi ; et nous l'obtiendrons, non par le nombre, mais par des avantages successifs, en conservant nos forces, et en détruisant les siennes. Il ne faut pas nous contenter de manœuvrer contre l'ennemi, il faut le terrasser. Car un ennemi qui n'a été que déposté, peut faire volte face ; celui qui est mort ne revient plus.

Occasioner à l'ennemi une perte considérable en hommes et dans son matériel, savoir détruire les sources de ses subsistances, lui faire sentir tout le poids de la guerre, et vivre à ses dépens : voilà des principes que l'on ne doit pas perdre de vue. Tous les grands capitaines ont eu cette manière de voir. La bonne méthode d'épargner les hommes ne regarde que la partie des vivres, l'entretien et l'emploi sage de ses propres troupes, et la clémence envers un ennemi vaincu et un pays entièrement soumis. Mais les principes d'humanité souffrent des exceptions quand il s'agit de choisir un moyen énergique pour arriver à un but décisif.

La guerre est un moyen violent, et non pas un état ordinaire. La guerre est aussi diamétralement opposée à la paix, que la maladie à la santé. Tout ce qui est au pouvoir de l'art, et des forces humaines, doit tendre à abréger cet état autant que possible. Cela ne peut avoir lieu que par un conflit puissant de toutes les forces intellectuelles et physiques, et non pas en les éparpillant ou en les employant les unes après les autres.

La conservation, à proprement parler, d'un État, est une des conditions préalables. Pour l'accomplir, il a déjà fallu de grands efforts. Mais le soin de la conservation d'un État serait insuffisant, si l'on ne voulait pas rechercher avec les plus grands forces et avec les plus grands sacrifices les moyens de contraindre l'ennemi à faire une paix avantageuse à l'Etat. Ceci doit-il avoir lieu, il faut pouvoir dicter la paix à l'ennemi, après l'avoir vaincu. Il est donc de la dernière importance d'observer que l'avantage de l'une des parties belligérantes est lié immédiatement avec le désavantage de l'autre; que la victoire ne peut être remportée que par les derniers efforts et par l'emploi de toutes les forces,

et qu'une guerre faite avec énergie est le seul
moyen de parvenir à une prompte paix (1).

____

(1) Montesquieu dit : « Dans le droit public, l'acte
de justice le plus sévère, c'est la guerre, puisqu'elle
peut avoir l'effet de détruire la société. . . . . Faire la
guerre à quelqu'un, c'est vouloir le punir de mort. »

SECONDE PARTIE.

CONSÉQUENCES PARTICULIÈRES POUR UN GUERRIER.

Nous avons déjà vu par les suites générales qui dérivent de l'idée de la guerre, de quelle influence peut être le personnel du guerrier. C'est ce que nous allons développer d'une manière plus particulière.

Cette influence est en effet tellement importante, qu'on peut lui rapporter presque tous les succès de la guerre : l'influence de la théorie, du moins en rase campagne, ne paraît que très-secondaire. Il ne s'ensuit pas que la théorie soit superflue ; mais, dans la pratique, elle dépend principalement des talens, de l'instruction, et du caractère des officiers.

De ces qualités réunies dépendent encore tous les plans et toutes les entreprises militaires. Quant aux plans, il est nécessaire que celui qui est chargé d'en exécuter un, l'ait fait lui-même, ou au moins qu'il s'en soit bien pénétré. C'est par cette raison qu'il est si difficile d'imaginer des plans pour les autres, parce que la manière de voir de l'auteur a quelque chose de trop intime pour qu'un autre puisse s'en pénétrer comme lui, et s'identifier, pour ainsi dire, avec sa pensée.

Quant à l'exécution, il est trop évident qu'elle dépend des qualités personelles de celui qui en est chargé, pour que cela ait besoin de preuves ultérieures.

Celui donc qui veut se vouer au métier de la guerre, doit acquérir des qualités personnelles pour lesquelles le savoir n'est qu'un moyen secondaire.

Ces qualités doivent être conformes à la nature de la guerre, qui, Messieurs, est une des affaires les plus importantes de la vie, comme je l'ai souvent dit. La guerre est une chose très-sérieuse et très-austère. Le guerrier doit savoir ce qu'on entend par là ; il doit s'y conformer.

Je le sais, nous ne sommes pas tous destinés à devenir des généraux et feld-maréchaux, et c'est une folie d'y penser, parce que la fortune, à tort ou à raison, a marqué la place que chacun de nous doit occuper dans le monde. Les prétentions ne conduisent qu'à la suffisance. Au surplus, tout le monde ne peut atteindre le plus haut degré de l'art, et un homme qui connaît et remplit parfaitement la sphère étroite dans laquelle il se trouve circonscrit, ne mérite pas moins de considération que celui dont l'activité peut se déployer dans un poste plus élevé. Nous devons estimer à sa juste valeur la place que nous occupons, sans nous placer ni trop haut ni trop bas, et rester dans le cercle des idées qui nous sont prescrites par les relations que nous devons avoir comme guerriers. En temps de paix, il faut étudier la guerre ; j'écris pour vous communiquer mes idées sur la manière de la faire : voici les deux points que je me propose de traiter aujourd'hui.

Considérer d'abord les ressources que fournit la science : Remarquer ensuite les qualités personnelles qui sont nécessaires à tout guerrier.

I.

RESSOURCES DE LA SCIENCE.

C'est un grand avantage que d'avoir l'esprit cultivé par les sciences. Cela seul ne décide pas, il est vrai, du sort de la guerre, sans quoi tous les capitaines voudraient être des savans. Mais la science donne du relief même au génie ; elle sert à rectifier le jugement, dont un militaire a toujours besoin. Ce n'est donc que par une erreur grossière qu'on peut dédaigner son secours.

Il est cependant très-important que cette cul-ture prenne une direction qui réponde parfai-tement à la destinée du guerrier. Cette destinée se rapporte à la vie active qui sera désormais la sienne. C'est pourquoi toutes les sciences pra-tiques ont une supériorité marquée sur celles qui ne sont que purement spéculatives. Savoir peu à la fois, et bien le savoir, vaut mieux, que de savoir beaucoup et superficiellement. Peu d'hommes sont en état de réunir de grandes surfaces à de grandes profondeurs; en d'autres termes, il est difficile de savoir beaucoup de choses, et de les savoir bien.

Rien n'est si nuisible à un militaire que d'avoir des notions superficielles sur son état : une pareille science serait pire qu'une ignorance absolue, elle égarerait son jugement naturel, et lui ferait négliger les élémens les plus néces-saires de son métier.

Il perdrait bientôt le goût de choses utiles, pour prendre celui des bagatelles et des sottises brillantes qui font la fortune des papillons et des sots.

Tout ce qu'on appelle communément subti-lités et recherches du bel esprit, ne vaut rien pour des militaires ; cela conduit au pédantisme qui nulle part n'est aussi ridicule et aussi préjudiciable qu'à la guerre.

Il n'y a, dans mon opinion, que deux sciences utiles au guerrier : les mathématiques et l'histoire.

Commençons par les mathématiques.

1°. *Les mathématiques.*

Les mathématiques sont les jalons de l'esprit humain. Elles rectifient le jugement ; elles le soumettent à des règles invariables ; elles accoutument à l'ordre et à la méthode ; elles enseignent à faire de grandes choses avec de petits moyens. Les théorèmes de cette science, qui partent de principes à portée de tout le monde, sont extrêmement simples et toujours adaptés à la question qu'on agite. On monte, d'une démonstration à une autre, comme sur des échelons qui conduisent à l'infini, que l'on s'accoutume à regarder comme accessible, quoiqu'il reste toujours caché dans les nuages. Par là on se rend capable de suivre avec une patience à l'épreuve une longue série de pensées. Un bon militaire ne doit avoir que des idées

claires, doit porter un coup d'œil juste sur les
questions soumises à son examen, et saisir avec
promptitude le vrai point de la difficulté. Tel
est l'avantage que l'on peut retirer de l'étude des
mathématiques.

Passe-t-on à l'algèbre et à l'application des
théorèmes mathématiques, on voit s'ouvrir le
champ vaste de l'invention; c'est l'art d'appliquer d'une manière nouvelle des vérités déjà connues. Il se trouve souvent dans la vie ordinaire et
surtout dans celle du militaire, des circonstances
où l'objet de la réflexion paraît se présenter d'une
manière peu exacte et même s'échapper à travers
des nuages. On peut alors se trouver dans un
état où l'on ne sait ce que l'on veut, où l'on
prend des moulins à vent pour des géans. Dans
ce cas l'esprit des mathématiques est un guide
sûr pour celui qui l'a bien compris.

Le but des mathématiques est de favoriser
directement la précision, la clarté et l'ordre
dans les pensées. Il est de leur essence de saisir
rigoureusement l'idée qu'on poursuit. Si l'on
conçoit clairement cette idée, par exemple,
quand il s'agit d'un problème algébrique, et
qu'on ait seulement assez de capacité pour
classer la partie mécanique d'un calcul, le problème est à peu près résolu. Dans quelle science

trouvera-t-on une méthode qui conduise mieux à la pratique?

Les idées les plus claires et les plus précises dans les mathématiques, et l'application des théories les plus simples aux parties les plus composées de cette science, donnent en même temps le pouvoir de développer les idées, de les diviser, et de les faire découler les unes des autres. L'habitude que l'on contracte de rassembler une longue série d'hypothèses, devient un besoin à mesure qu'on y fait plus de progrès. Un esprit actif fait sentir la nécessité de l'application. Tout homme instruit dans les sciences se sent entraîné dans leur sphère d'activité ; mais on peut dire, sans crainte d'être démenti, que, de toutes les sciences, les mathématiques sont celles qui donnent un plus grand élan à l'esprit humain.

L'homme ordinaire ne réfléchit que par intervalle ; il ne s'aperçoit pas de mille choses qui entrent naturellement dans le cercle de ses habitudes. Il est encore moins en état de faire dériver une idée d'une autre, et d'en enchaîner une longue série ; faculté précieuse, et dont on a besoin dans l'étude de la guerre. Les autres sciences, par exemple la logique, préparent également à la réflexion, mais d'une manière différente : elles sont, pour ainsi dire, la matière de la pensée même ; tandis que les mathématiques ne laissent après elles que la trace de leurs formes, et entrent beaucoup plus immédiate-ment dans l'étude de la guerre.

On appelle *pénétration*, le talent de réunir à la fois beaucoup d'objets, et de développer su-bitement toutes les idées qui en dépendent. Cette qualité ne vient pas toute formée avec l'homme ; mais tous ceux qui naissent avec des organes bien constitués ont plus de dispositions pour l'acquérir. Ces dispositions peuvent être développées ; et c'est à quoi les mathématiques sont propres, parce qu'elles y conduisent immé-diatement, et qu'elles donnent de l'extension à la pensée, au jugement et au raisonnement.

On pourrait donner plus d'étendue à ces ré-flexions ; mais, en offrant celles-ci à votre mé-ditation, je n'ai voulu que vous indiquer l'usage qu'on peut faire des mathématiques, et le grand parti qu'on en peut tirer dans notre profession.

Cependant, si les mathématiques doivent pro-duire de si grands effets, ce n'est qu'à certaines conditions, que je ne dois pas vous dissimuler.

Quiconque veut connaître l'esprit d'une science, doit l'étudier à fond, et surtout dans ses élémens. Les élémens des mathématiques sont l'arithmétique, la géométrie rectiligne, nommément l'*Euclide*, que je vous recommande avant tous les autres abrégés; convaincu que celui-ci renferme les leçons les plus instructives: ensuite viennent la trigonométrie rectiligne, la géométrie des courbes, et l'algèbre, non dans toute son étendue, mais jusqu'aux équations supérieures (1).

Celui qui s'arrête aux élémens ne voit que les fondemens de l'édifice, et non son ensemble. Il ne peut se rendre compte du but où tendent ces préparatifs; il ne voit encore aucun résultat: ce qu'il sait n'est pas suffisant pour saisir l'esprit des mathématiques, et encore moins pour en recevoir des inspirations. L'essentiel consiste à ce que ces premières impressions ne s'effacent pas; ce qui ne peut manquer d'arriver, quand on se contente des simples élémens. Il en résulte que les premières études des mathématiques n'ont aucune influence sur la profession militaire, si elles ne sont pas suivies; et que l'on

---

(1) Je ne crois nullement par là avoir indiqué les limites dans lesquelles cette étude doit être renfermée; ce serait un trop grand pédantisme. Je veux seulement établir une règle, et indiquer de quelle manière et jusqu'où à peu près on pourrait la continuer.

n'apprend quelque chose que pour l'oublier. On croit ordinairement qu'il suffit de savoir la géométrie élémentaire; mais on se trompe, du moins en ce qui regarde l'utilité des mathématiques : la connaissance des parties élémentaires n'aboutit qu'à simplifier des calculs, ou à réduire quelques opérations en formules; ce qui n'est pas le but, et ce qui serait loin de justifier la haute idée que j'ai cherché à vous donner des mathématiques, et de l'utilité de cette science à la guerre.

En effet, ce qui constitue pour le militaire l'influence des mathématiques, c'est la direction particulière qu'en retire une réflexion profonde; et une telle impression est impossible sans l'esprit même de la science. Mais cette impression dépend encore de la connaissance du vaste champ dans lequel s'exercent les mathématiques. Celui qui veut donc parvenir au but doit y employer les moyens. Si l'impression s'est opérée, elle est durable; elle ne s'effacera plus. Un militaire peut regarder les mathématiques comme un échafaudage, à l'aide duquel il cherche à se former l'esprit. S'il entre dans la carrière de la vie pratique, il n'en sera plus question.

Cependant, il vaut bien la peine de ne pas se presser de le démonter, c'est-à-dire, de ne pas faire cesser trop vite la continuation d'une étude assidue. Il faut donc de temps en temps faire une répétition, pour rehausser l'idée de l'utilité et la capacité de l'application. Cette application a néanmoins ses bornes; je vais essayer de le prouver.

Vouloir tout réduire à des idées mathématiques est un abus, et démontre que celui qui le prétend est incapable de s'élever au-dessus de cette science. Dans ce cas, il n'y aurait pas d'homme plus dangereux dans un camp qu'un mathématicien qui voudrait tout réduire à des grandeurs, à des mesures fixes, à des calculs précis. Un homme plus dangereux encore que le mathématicien, serait un jurisconsulte borné, qui s'arrêterait à ses conceptions judiciaires, en les faisant entrer dans la politique et dans la guerre.

La méthode que l'on emploie dans les mathématiques ne peut avoir lieu que pour les mathématiques mêmes, et ne peut, comme l'expérience l'a démontré, être appliquée à aucune autre science. Mais un militaire doit s'occuper moins de la méthode que de l'esprit d'une science. Il est donc inutile de se servir d'une méthode hors de ses limites; et ce serait une folie que de vouloir appliquer les grandes vérités mathématiques aux moindres objets de la guerre ou de la politique. L'esprit de la science exige une plus stricte économie; il ne met pas plus de moyens en mouvement qu'il n'en est besoin pour le cas dont il est question. Ainsi, où l'on ne peut point appliquer l'idée d'une grandeur, il faut l'abandonner; et où suffirait l'application des vérités de la géométrie élémentaire, il n'est pas nécessaire de se perdre dans les théorèmes de l'algèbre. Juger sous son véritable point de vue la question qu'on présente, et considérer quel est le chemin le plus court pour parvenir au but, voilà ce qui dénote une tête bien organisée. Au reste, si on excepte les officiers du génie et d'artillerie, ceux des autres corps ont en général peu d'occasions d'appliquer à leurs opérations les règles des hautes mathématiques.

2°. *Levée des situations.*

Après avoir parlé en général de l'utilité de l'étude des mathématiques purement théoriques, il nous reste à dire quelques mots des mathématiques pratiques. Nous en parlons, parce que plusieurs parties de cette science sont indispensables au guerrier, et par là sont dignes d'une

attention particulière ; et non pour indiquer de
nouveaux expédiens et de nouvelles méthodes ,
qui sont plutôt du ressort des livres scientifiques que le sujet de notre ouvrage.

Il est bon d'avoir une connaissance des
mathématiques pratiques, savoir, de la *géodésie* : quant à la trigonométrie pratique , il
me semble qu'elle n'est nécessaire qu'à ceux
qui en font en quelque sorte leur métier , et
le nombre n'en est pas considérable. Cependant,
comme je puis passer sous silence les relations
particulières, en n'envisageant que l'intérêt général, je dirai quelques mots de la géodésie et
des connaissances qui en dérivent.

La géodésie s'occupe à représenter ostensi-
blement sur le papier la situation et l'éloignement des objets qui se trouvent dans la nature. Je suppose la connaissance des règles
théoriques et pratiques de cet art, celle des
instrumens qu'il emploie, et celle de la perspective et du *toisé*. Je remarque, en outre,
que, pour ce dernier talent, il faut y avoir acquis un certain degré d'habileté , pour pouvoir
procéder avec autant de sûreté que d'adresse.
J'ajouterai encore quelques réflexions.

Le but principal que doit atteindre un militaire par cet art, est d'apprendre à représenter la superficie d'un terrain. Elle est donc l'introduction à l'art de la levée militaire des situations, et tous les deux sont un intermédiaire entre les mathématiques et la connaissance du terrain. Pour le militaire, il importe de saisir au plus juste ce qu'il peut faire entrer dans cette dernière connaissance, qui n'est pas encore parvenue à sa perfection. Cela consiste dans la véritable reproduction des angles et des éloignemens en général. La pratique du toisé y prépare, en ce que son usage fréquent donne à la fin une grande justesse au coup d'œil, et si bien, qu'on peut se passer des instrumens. C'est pourquoi la géodésie doit être pratiquée jusqu'à ce degré de perfection par ceux qui veulent se rendre utiles dans cette partie de la guerre.

L'art du nivellement a une influence bornée, et ne regarde que ceux qui se destinent au génie et à l'artillerie. Je n'en parlerai pas.

L'art de lever militairement un terrain est fondé sur la géodésie. Il se divise: 1° dans la levée par le moyen des instrumens ; 2° dans la levée à vue d'œil.

Le premier moyen emprunte son procédé de la géodésie, mais il faut avoir une attention particulière à la situation horizontale des objets. Ainsi, il conduit nécessairement à un nouvel exercice, celui d'apprendre à découvrir les *proportions* horizontales. Le second moyen suppose une grande facilité à découvrir ces proportions horizontales, à juger au plus juste des angles et des éloignemens, et dans la facilité de pouvoir représenter le tout clairement et aussi complètement que possible moyennant des signes conventionnels. A cet art de représenter un terrain sur le papier, se rapporte celui du dessin militaire dont nous avons parlé dans la première partie de notre discours.

La levée sans instrumens est, à proprement parler, la plus importante. Mais, en l'apprenant, on ne doit pas oublier les connaissances préalables, et sans lesquelles on ne fera que des vues sans perspective et sans utilité. Celui qui lève un plan sans attention est capable de se permettre des licences poétiques, et croit pouvoir les justifier par la micrologie de son dessin. Mais cela s'appelle manquer à la fois de talent et de bonne foi. Son ouvrage devient inutile au général qui veut s'orienter, et qui ne peut le faire qu'en acquérant la connaissance exacte des éloignemens, des angles et des proportions horizontales.

On doit regarder comme le comble de l'art,

la levée à vue d'œil, ou la pratique des croquis ;
et ne pas permettre à tous les écoliers de s'y
élever, jusqu'à ce qu'ils en aient acquis le droit
et les moyens.

3°. *Connaissance du terrain.*

J'arrive à une science particulière, savoir, la
connaissance du terrain.

C'est elle qui enseigne l'art de tirer parti d'une
surface pour l'usage militaire. On ne peut donc
se la représenter que comme liée à la tactique,
c'est-à-dire à l'art de ranger en bataille et de
faire mouvoir de grandes masses. Cela n'empêche pas de la placer parmi les sciences
dont elle retire de puissans secours, et sur lesquelles elle doit être fondée, si on ne veut pas
qu'elle dégénère en empirisme.

La connaissance d'un terrain se divise en
deux parties : 1° dans la connaissance générale ;
1° dans la connaissance particulière.

La *connaissance générale d'un terrain* contient les renseignemens d'après lesquels on doit
tirer parti de chaque espèce de terrain, soit dans
ses moindres parties, soit dans sa totalité, pour chaque arme en particulier, et pour toutes les armes
réunies. Les limites de cette connaissance se

trouvent renfermées dans l'emploi immédiat des troupes. Si l'on voulait donner une plus grande extension à ces limites, en faisant entrer l'emploi du terrain dans les mouvemens préparatoires et dans les premiers déployemens stratégiques d'une armée, on se perdrait dans des prolixités superflues: on parlerait de la nature et de l'espace du théâtre de la guerre, ce qui est du ressort de la géographie, dont nous parlerons plus bas. Au reste, le mot de *terrain* ne comprend pas tout un pays où est situé le théâtre de la guerre, mais il indique en général, et selon sa véritable acception, la surface, le fonds, la place où l'on se trouve, prise d'une manière vague et indéterminée, cependant pas trop étendue dans le sens des localités. L'idée de terrain flotte entre celle d'*endroit*, de *lieu*, de *place*, et même d'*horizon*. Cette incertitude vient de ce que dans les rapports militaires on appelle improprement *terrain* tout espace où peuvent manœuvrer un grand ou un petit nombre de troupes. Dans sa véritable acception, ce mot signifie un espace distinct du théâtre de la guerre.

Il importe de bien examiner et de bien employer chaque espèce de terrain. Car, de cet emploi fait avec plus ou moins de discernement dépendent les bonnes ou mauvaises dispositions préparatoires d'une armée, et les placemens plus ou moins avantageux des différens corps qui la composent.

L'étude générale du terrain retire de grands secours de l'art des *levées*, et de la tactique elle-même.

Les secours qu'elle retire de l'art des *levées* sont les moyens de s'orienter sur-le-champ, de jeter un coup d'œil sûr et prompt sur tous les objets, de juger avec exactitude leur éloignement, les angles, leur placement horizontal, etc.

Ceux qu'elle retire de la tactique sont la connaissance du placement, du mouvement et de l'effet de chaque arme en particulier et de toutes les armes réunies.

L'étude particulière du terrain contient l'application de la connaisance générale sur un terrain donné. Elle suppose la connaissance exacte des localités, et elle s'y trouve liée sous les rapports purement militaires.

On a souvent confondu la connaissance générale avec la connaissance particulière du terrain, qui se trouve liée avec la connaissance spéciale des localités; c'est un grand tort. Si la connaissance spéciale des localités d'une contrée

était la véritable connaissance du terrain , personne ne pourrait mieux que les habitans de la
contrée en posséder la science et le talent.

La connaissance générale du terrain , dont
nous parlons, appartient à celle des préceptes
généraux. La connaissance particulière du terrain se lie avec les combinaisons de la première , adaptée au cas dont il s'agit. Il s'ensuit
que, si l'on voulait étendre la connaissance
générale du terrain aux mouvemens préparatoires, aux déployemens stratégiques de toute
une armée, y compris tous ses détachemens,
et même à tout le théâtre de la guerre, l'on
se perdrait en micrologie.

Et quand viendrait le moment de faire l'application de l'étude générale à un campagne,
on se trouverait à la fois dans la nécessité et
dans l'impuissance de recourir à la connaissance particulière du terrain. Car , comme
celle-ci suppose une connaissance spéciale des
localités de tout un pays , la mémoire la plus
riche suffirait à peine à retenir les détails d'une
petite province. Une connaissance spéciale des
localités n'est donc nécessaire que quand on
peut prévoir que les opérations futures doivent
amener des évenemens décisifs sur une lieu

déterminé, comme, par exemple, sur le terrain qui environne des places, des passages, des points importans de communication, etc. Les avoir présens, soit dans la tête, soit sur un plan, est une précaution très-utile. Mais si l'on voulait étudier et avoir sous les yeux tout un théâtre de guerre avec toutes ses parties, on se noierait dans les détails, sans voir l'ensemble. L'image d'une contrée effacerait celle de l'autre; il y aurait confusion, et l'on perdrait tous les avantages que peut procurer la connaissance générale du terrain.

Aussi, les plus grands capitaines ne se sont occupés de cette étude des localités, que dans les conjonctures, en petit nombre, dont nous avons fait mention. Eugène, Malborough, Catinat, Vendôme, Villars, le maréchal de Saxe, Frédéric II lui-même, n'ont jamais envisagé le théâtre de la guerre sous ce point de vue; au moins, il ne s'en trouve aucune trace dans les mémoires qu'ils nous ont laissés : d'où l'on peut inférer qu'une connaissance des localités aussi étendue leur était étrangère. Cette connaissance du terrain qu'ils exigeaient, était renfermée dans celle qui offre des vues générales, et qui, dans des cas particuliers, devait être liée aux connaissances spéciales du terrain et des localités. Il n'y a même que ces deux dernières qui soient importantes dans toutes les guerres. Si Bonaparte n'avait pas voulu se contenter en Egypte de combinaisons générales, il lui aurait été impossible d'entrer en action; parce que, pour ces contrées mêmes, où il s'agissait, avant toute autre chose, d'une connaissance exacte des localités, celle-ci ne pouvait guère s'acquérir d'avance, et l'on peut dire que cela eût été impossible.

C'est d'après ces principes que nous avons soutenu, dans la première partie de cet ouvrage, que la levée militaire de tout un pays était superflue, au moins pour la guerre; car, comme tout terrain n'est pas également digne d'être remarqué, comme on ne peut pas se passer de faire des reconnaissances, par toutes les raisons que nous avons alléguées, et qu'il faut toujours prendre la nature pour guide, après laquelle le dessin le plus perfectionné reste en arrière, de telles levées militaires ne peuvent pas avoir l'importance qu'on leur suppose.

Là où il n'est plus question des objets épars, mais de la nature de tout l'espace d'un théâtre de guerre, se trouve donc la limite de la connaissance du terrain. Elle se trouve remplacée par cette partie de la géographie qui a pour objet l'espace en général. On peut se contenter, dans les cas généraux, de bonnes cartes particulières, sans qu'il soit besoin d'en créer tout exprès pour tel ou tel terrain. S'il fallait créer de nouveaux instrumens pour chacune des nouvelles circonstances qui se présentent à la guerre, on finirait par se perdre dans le vaste champ de l'infini. Or tout doit avoir ses bornes dans la science, comme il y en a dans notre intelligence. Aussi n'a-t-on pas besoin de tant de connaissances secondaires pour juger à fond d'un théâtre de guerre. Si cette assertion était fausse, tous les chefs-d'œuvre de plans de campagne et d'opérations des grands capitaines, plans qui sans doute n'ont pas été faits à l'aide d'une étude aussi vaste, seraient des énigmes inexplicables, ou l'ouvrage du hasard.

C'est donc par erreur, et faute d'y avoir réfléchi, que M. Venturini, et quelques autres après lui, ont essayé de créer une nouvelle science, sous le nom de *Géographie militaire* (1).

Vraisemblablement la géographie militaire leur a paru être pour la stratégie ce que la

____

(1) Ceux qui jadis ont écrit sur l'art de la guerre, n'ont jamais rien su de cette prétendue géographie militaire.

connaissance générale du terrain est pour la tactique. Ce ne serait pas une mauvaise idée, si la stratégie pouvait être enseignée comme science; mais la géographie militaire paraît être en défaut, en ce qu'elle étend trop le champ des sciences accessoires dont on ne peut, à proprement parler, se passer; en les liant à d'autres connaissances excessivement éloignées de l'étude de la guerre.

La géographie militaire générale doit partir des principes qu'elle emprunte de la manière dont originairement a été formée la surface de la terre, et finit ainsi par admettre une connaissance générale des localités, en opposition avec celle qui regarde les localités en détail. Cette connaissance générale, qui doit contenir les lois d'après lesquelles la surface de tout un pays s'est formée, ne peut produire que des abstractions que chaque individu peut obtenir aisément, moyennant de bonnes cartes particulières. Elle met donc au jour des principes qui peuvent exister, il est vrai; mais auxquels on n'a pas besoin d'avoir recours dans la pratique, d'après les exemples des grands capitaines. Conséquemment, la prétendue géographie générale est superflue; mais, pour ce qui regarde la géographie militaire particulière, toute bonne carte spéciale indiqué suffisamment la situation des routes, le cours des rivières, l'embranchement des montagnes, etc.; et l'on peut aisément examiner les relations militaires, soit à l'aide de cette géographie, soit par des informations prises sur les lieux. Les recherches que l'on pourrait faire dans la géographie militaire de tout un pays, n'exempteraient donc pas de la nécessité de consulter les gens du pays; et les secours que l'on pourrait en retirer ne seraient qu'extrêmement pauvres, en comparaison, soit de la peine qu'il faudrait se donner pour étudier la géographie militaire générale, soit pour recueillir et ranger systématiquement la description des localités. Voilà quelques raisons qui me paraissent devoir l'emporter sur cette science moderne (1).

---

(1) On dit que la géographie militaire générale produit des principes d'après lesquels on peut au premier coup d'œil, après avoir seulement vu un terrain quelconque, savoir ce qui se trouve derrière et à côté de ce terrain. Ce serait, à la vérité, une belle découverte; mais, en premier lieu, je n'ai pas encore connu de géographe militaire qui, hors de son cabinet, ait pu faire d'aussi grandes choses sur le terrain même et dans la pratique; en second lieu, cette doctrine est aussi impossible que des principes physiognomiques irrévocablement fixés. Car, de ce que tous les hommes ont des yeux, des

Cependant , quiconque ne craint, ni sa peine, ni de prendre le temps d'étudier la géographie militaire, en s'attachant à ce qui est le plus nécessaire, peut faire ce qui lui plaira : mais il ne fera que remplir le tonneau des Danaïdes , sans parvenir à de grands résultats. Il en est tout autrement de la connaissance générale du terrain, comme cela saute aux yeux, sans que nous ayons besoin d'en dire davantage. C'est pourquoi je termine ici cet article.

---

oreilles et un nez , on ne peut, de ces principes généraux, conclure que l'art physiognomical ait des règles invariables. D'aussi grandes différences se trouvent dans la nature du terrain. La géographie militaire générale, qui, par exemple, serait bonne pour la Suisse, ne le serait pas pour la Silésie ni pour le Mecklembourg ; il faudrait donc à chacun de ces pays une géographie militaire générale. Cependant elle devient *topographie*, et celle-ci est un ouvrage superflu, vu l'importance relative de chaque pays. Pour ce qui regarde les objets qu'il faut connaître particulièrement, il s'agit d'une connaissance parfaite du terrain, ou, ce qui revient au même, d'une connaissance militaire des localités ; ce qui est autre chose que la topographie. On peut donc bien admettre une connaissance générale du terrain , qui enseigne à tirer parti de toutes sortes de terrains, mais non une géographie militaire générale, au moyen de laquelle on pourrait connaître la nature et la situation de tous les pays, sans les avoir jamais vus.

4°. *Des reconnaissances.*

L'art de reconnaître une contrée, ou de l'examiner militairement, est fondé sur la connaissance du terrain et sur les moyens que celle-ci retire des sciences. Cet art, pris dans le sens le plus élevé, est la faculté d'appliquer à une vaste étendue de terrain la connaissance acquise de toutes ses parties. Tout ce que l'on peut dire sur ce sujet, consiste en peu de principes qui ne peuvent être saisis et appliqués que par le talent; car l'inspection seule d'une contrée, selon les règles scientifiques et selon les résultats que l'on en peut tirer, n'épuise pas encore l'art de sentir d'abord la faiblesse et la force d'un terrain. On ne se sert donc souvent de l'expression de reconnaissance que fort cavalièrement. Cette reconnaissance est une nuance fine de la connaissance spéciale du terrain, appliquée à la totalité d'une contrée dont on veut se servir; elle est de plus une disposition des arrangemens à prendre, recueillie pour ainsi dire en passant, en balançant tous les avantages et les inconvéniens qui peuvent avoir lieu sur ce terrain, quand on veut en tirer parti.

Aux reconnaissances appartient le véritable

6.

coup d'œil, qui est de la même nature. En général, là où les connaissances scientifiques ont
un terme, et où il s'agit du génie et du talent
d'observation, il n'est pas possible de caracté-
riser parfaitement la chose; et quoique la reconnaissance, y compris le coup d'œil qui doit y
entrer, et que l'on a trop vanté, sans l'avoir
bien compris, ne soit en aucune manière le
chef-d'œuvre de l'art militaire, elle en fait
cependant partie, et nous ne devons pas en
parler avec légèreté.

La partie mécanique des reconnaissances emprunte ce qui lui est nécessaire de la connaissance
générale du terrain, c'est-à-dire, de l'estimation
des éloignemens et de l'emplacement horizontal
des objets, en y ajoutant l'art de s'orienter.

On pourrait sans doute donner à cette partie
un autre nom; mais celle qui appartient vraiment à l'art est plus élevée, et mérite par là
d'être plus distinguée. Savoir s'orienter, est
au reste une chose fort estimable. On doit
savoir où l'on est, d'où l'on vient, et où l'on
veut aller; et même très-positivement; sans quoi
il n'y a point de liaisons dans les tableaux du
terrain, ni dans les idées qu'on y approprie. Il
y a eu des capitaines et des chefs d'état-major
qui ont éprouvé beaucoup de difficultés dans

l'art de s'orienter ; il faut donc s'y habituer de bonne heure (1).

La surface d'un terrain , et l'effet de la perspective que produisent les objets situés les uns à côté et après les autres, font la même impression sur le militaire occupé à faire une reconnaissance que la vue des physionomies humaines sur le philosophe contemplateur. Quelques contrées ont un grand caractère qui résulte des groupes gigantesques que la nature semble avoir créés dans un moment de magnificence. D'autres, qui paraissent plus négligées, font aussi moins d'impression sur la vue et sur l'imagination. Le même effet a lieu quand on considère en détail les rochers, les montagnes, les hauteurs, les marais , les prés, les rivières , les ruisseaux et leurs rivages. A cette

---

(1) Je sais que l'on ne fait pas de reconnaissances pendant la nuit. Cependant il faut apprendre à s'orienter, même la nuit. On le peut, quand le ciel est étoilé, et que l'on connaît quelques constellations. Jusque-là il n'y a point encore d'étude de l'astronomie ; et on peut s'en passer, en apprenant à connaître l'étoile polaire et quelques-unes des autres constellations , et lors même qu'on ne voudrait pas faire plus de progrès dans cette science que quelques pauvres bergers , qui savent parfaitement s'orienter à l'aide des astres.

impression se joint le désir naturel de vouloir découvrir une situation avantageuse. Celui qui fait des reconnaissances doit savoir se garantir de ce penchant et de l'effet pittoresque que font les objets sur ses sens et sur son imagination. L'imagination doit être ici soigneusement écartée.

C'est à quoi je pensais, quand j'ai dit, dans l'introduction, que le guerrier ne devait pas s'en laisser imposer par la nature. L'esprit guerrier s'y trouve diamétralement opposé. Qu'on se tienne donc en garde contre le penchant qui nous entraîne en faveur d'un plan agréablement dessiné, contre les préventions qui nous portent à estimer davantage un terrain bien situé, et moins, un terrain mal situé, par exemple, en regardant les hauteurs comme parties dominantes ou inaccessibles, les ruisseaux et les marais comme non guéables. Il faut considérer, avec les yeux de son adversaire, le parti que l'on peut tirer d'un terrain qu'on veut occuper.

Il faut avant tout se pénétrer de l'image d'une contrée, mais sans préjugés et avec justesse, en s'imaginant toujours qu'il s'y trouve des troupes ennemies. Il est donc nécessaire d'avoir devant les yeux la longueur d'un bataillon, d'un escadron ou d'une batterie pour se représenter au juste l'étendue d'une position. Si l'on veut connaître avec précision la distance que doit occuper un nombre déterminé de troupes, il faut pouvoir la mesurer à pas de cheval. Par conséquent, il est nécessaire d'avoir un cheval bien exercé, qui ait appris à faire tranquillement un nombre égal de pas au galop, et de plus un cavalier qui sache bien le manier.

La reconnaissance d'une contrée suppose un but militaire, quand même il ne s'agirait que d'en acquérir une connaissance générale. Plus le but est important, plus il est dangereux de ne juger que d'un seul côté. On doit être en état de résoudre de plus d'une manière un problème dans la même contrée, pour pouvoir distinguer le côté fort du côté faible. Le premier coup d'œil décide très-souvent du jugement que l'on doit porter; mais, pour n'y être pas trompé, il faut une longue pratique.

Il faut cependant que la méfiance soit accompagnée de résolution ; sans quoi, on serait, une journée entière à chercher ce qu'on a sous sa main.

Le but d'une reconnaissance décide du plus ou du moins d'exactitude qu'il faut y employer. Car autre chose est de reconnaître une contrée pour y planter une vedette, pour y placer un corps d'armée, ou pour y faire des retranchemens. Il s'agit, pour ces trois cas, de n'entrer ni dans trop ni dans trop peu de détails ; règle importante, surtout pour ceux qui mettent une trop grande confiance dans les principes généraux, ou dans les objets épars d'un terrain. Il est des gens qui voient une position sur chaque chaîne de hauteurs, et un point derrière chaque taupière où un tirailleur pourrait s'embusquer.

Il y a dans toutes les contrées des points centraux d'où l'on peut découvrir du premier coup d'œil tout ce qu'embrasse l'horizon sensible. Car ce qui se trouve hors de cet horizon, comme, par exemple, dans un terrain montueux ou rempli de bois, doit être lié au premier par d'autres moyens. Il est essentiel de trouver ce véritable point central, sans perdre son temps à rôder tout autour. Au reste, on ne dit pas trop, en soutenant que les reconnaissances dépendent en grande partie du choix des points centraux.

On a beaucoup écrit sur la prétendue clef d'un terrain, et on l'a trouvée, tantôt d'un côté, tantôt d'un autre. Pouvoir trouver cette clef, c'est-à-dire la force ou la faiblesse du terrain, appartient donc également à l'art de faire des reconnaissances. Cet art n'est pas toujours aussi difficile, pourvu que l'on ne se laisse pas faire d'illusion. L'habitude de regarder à chaque oc-

easion la superficie de la terre avec des yeux militaires, exerce la pensée et aiguise le coup d'œil.

Ce que nous venons de dire se rapporte principalement aux reconnaissances faites pour l'emploi immédiat de nos troupes. La reconnaissance
de l'ennemi est différente. Au reste, ce que
nous avons exposé peut s'y appliquer. Les conditions nécessaires sont une estimation des espaces, un coup d'œil dégagé de tout préjugé,
et un jugement sain des avantages et des désa-
vantages qui peuvent en résulter.

5°. *Artillerie.*

Nous voici arrivés aux grandes ressources que
les armes retirent des sciences. Nous parlerons
d'abord de l'artillerie.

Je traiterai cet objet, ainsi que la tactique et
la fortification, d'une manière très-succincte; mon
but n'étant pas d'écrire un livre élémentaire
sur chaque science en particulier, mais seulement d'appeler l'attention des militaires sur ce
qu'il y a de plus remarquable dans les différentes armes.

Je commencerai par remarquer que tous les
militaires n'ont pas besoin d'approfondir l'étude
de l'artillerie ni celle des fortifications. Il peut être

utile, mais non pas nécessaire, qu'un cavalier ou un fantassin se connaisse en bouches à feu, en caissons, en gargousses, en pointé, en lignes parallèles, en paraboles, etc., etc. Tout militaire doit connaître les résultats généraux de chaque arme; mais l'ingénieur et l'artilleur doivent spécialement étudier et approfondir toutes les sciences qui se rapportent au génie et à l'artillerie.

La première chose à étudier dans l'artillerie, c'est l'effet des bouches à feu, et leur emploi en rase campagne pour ce qui regarde leur portée.

Il s'agit d'abord d'avoir des notions justes sur les lignes que décrivent les projectiles, sur leur portée, sur leur atteinte et sur leurs effets. Celui qui n'a pas sur ces objets des connaissances exactes, exige quelquefois plus de l'artillerie qu'elle ne peut lui rendre. Nous devons au général de Scharnhorst d'avoir parfaitement traité cette matière.

Quiconque veut s'en procurer une connaissance pratique, fera bien d'assister souvent aux exercices de l'artillerie, en observant, en examinant et en comparant avec la théorie tous les phénomènes de la pratique. Alors il se convaincra très-facilement jusqu'à quel degré de

certitude ces préceptes démontrent leur influence ; et il comprendra combien la théorie
est nécessaire, mais qu'il s'agit, dans l'application, d'une foule d'accessoires qu'on ne peut
impunément négliger : il faut beaucoup d'études
et peu de résultats. Ces résultats sont le fruit
de l'étude combinée avec la pénétration de
l'esprit. Il s'entend qu'il ne peut y en avoir que
très-peu ; l'artilleur doit principalement s'appliquer à acquérir la dextérité inséparable de la
pratique. Il doit donc connaître la nature des
bouches à feu, savoir les manier, tirer avec
vitesse, et atteindre parfaitement le but; et tout
ceci avec le moins de frais de théorie, afin
de gagner le plus de temps possible pour la
pratique. Voilà ce qui produira le plus grand
effet, et c'est à quoi se rapporte tout ce que
nous venons de dire.

Pour ce qui est de l'emploi de l'artillerie en
rase campagne, ou sa tactique, je me permets les
observations suivantes.

L'art de faire mouvoir l'artillerie est simple,
et sujet à peu de difficultés. L'essentiel est de
savoir la placer.

Pour bien la placer il faut considérer deux
choses: l'une, qui est relative aux bouches à feu,

et l'autre, à la totalité du terrain qu'elles doivent occuper.

Sur le premier objet, il importe de connaître si le fond sur lequel on place les pièces est dur ou mou; si l'on veut tirer en haut ou en bas; si l'on peut se mouvoir sans gêne en avant, en arrière et de côté, ou s'il s'y trouve des obstacles; si l'on est découvert ou couvert, si l'on attaque ou si l'on se défend; quels calibres on a, et de quelle manière il faut les distribuer; de plus, comme on doit tirer en faisant attention aux munitions et aux effets; si c'est sur l'artillerie ou sur les troupes ennemies; et comment en général il faut se conduire dans une action, avec l'artillerie.

Quant au placement de l'artillerie sous le rapport de la totalité du terrain que l'on veut occuper, l'opinion du général Lespinasse, que l'on doit employer l'artillerie en masse autant que possible, semble mériter la préférence. Il en résultera l'effet d'un feu concentré qui, s'il est bien dirigé sur le point décisif, peut décider le succès du combat. Les idées de ce général méritent d'être pesées, tant pour ce qu'il dit du nombre, que de la manière de partager et de placer les bouches à feu.

Ses propositions aboutissent à diminuer le trop

grand nombre de pièces d'artillerie, et à rendre par là les troupes plus agiles. Il veut, que le nombre réduit des pièces soit réuni principalement sur les ailes de l'armée, et placé seulement au centre quand l'ordre de bataille est si étendu que le feu des batteries de l'aile droite et de l'aile gauche ne puisse pas se croiser.

Le général Lespinasse dit fort bien : « Je ne prétends point que les armées aient besoin de peu de bouches à feu, car malheureusement il est démontré que partout on n'en emploie que trop pour en avoir assez ; je ne veux que démontrer que l'on ne s'en sert que d'une petite partie à la fois avec les troupes qui sont en action. Jamais les avantages que produit une artillerie nombreuse ne pourront balancer les obstacles et les dangers qui en résulteront. » L'exemple de Bonaparte, que cite l'auteur, peut servir de preuve à cette assertion.

« Il m'ordonna, dit-il, de faire retirer, la veille
« ou au moment d'une bataille même, l'artillerie
« de toutes les divisions, et de la réunir en bat-
« teries sur tous les points que nous avions
« choisis en faisant la reconnaissance du terrain.
« Il suivit ce principe dans presque toutes les
« grandes affaires ; mais jamais une division dé-
« tachée, en faisant des opérations séparées,

« ou une demi-brigade également détachée, ou
« même un ou deux bataillons, tous munis d'ar-
« tillerie, ne l'avaient devant leur front ou dans
« les intervalles, mais toujours en position,
« avec la précaution de la placer dans un éloi-
« gnement convenable de leurs flancs, pour ne
« pas être empêchés dans leur manœuvres. Il
« s'entend que ces batteries étaient bien soute-
« nues. »

Ce peu de mots suffit pour expliquer à peu
près tout ce que l'on peut dire sur l'emplacement
de l'artillerie et sur son emploi selon cette juste
méthode, au cas que l'on veuille y faire une
sérieuse attention.

L'emplacement des batteries en rase campagne
a, selon le général Lespinasse, le but : « de pro-
« téger les mouvemens de notre armée, et d'en-
« tamer le côté faible de l'ennemi. » Il faut que
le général d'artillerie « ait, pendant une action,
« devant les yeux les positions des deux armées
« et le terrain, de manière qu'il puisse faire
« faire sur-le-champ à l'artillerie les mouvemens
« qui soient adaptés à ceux de l'armée. Il doit
« de même avoir soin de placer l'artillerie tou-
« jours en faisant attention à l'infanterie, afin
« que quand les deux armées ont terminé leurs
« mouvemens, le nouvel ordre de bataille

« forme un front de fortification le plus avan-
« tageux, eu égard aux deux armées et au
« terrain. »

Cette sorte de manœuvre avec l'artillerie est
du ressort du talent. On ne peut pas donner de
règles fixes à ce sujet. Tout ce qu'on peut dire,
c'est que cette manœuvre, dans laquelle se
trouve le bon emploi qu'on doit faire de l'artillerie en rase campagne, n'a été jusqu'à présent,
ni assez méditée, ni assez appréciée, et mérite
d'être recommandée aux hommes du métier.

6°. *Fortifications.*

L'idée qui sert de base à tout art de fortifier
consiste, *à mettre peu de monde, à l'aide de cet
art, dans l'état de défense le plus avantageux
contre un nombre supérieur.*

A. *Fortifications passagères.* Quand en campagne on veut renforcer un ou plusieurs objets
de terrain, l'on se sert en petit de la fortification.
Je suppose qu'on a une connaissance de sa partie mécanique. Il faut beaucoup d'exercice pour
pouvoir la pratiquer et la manier avec agilité ;
car la fortification passagère est une science que
l'on ne peut étudier qu'en la pratiquant ; et qui
ne doit être enseignée que de la même manière.

La règle générale de toutes les fortifications est, ou de les faire aussi fortes que possible, ou de n'en pas faire du tout. Car celui qui doit les défendre s'y fie, et peut être facilement déconcerté en se voyant trompé par des fautes de l'ingénieur.

Ce qu'il y a de plus essentiel est le profil, qui doit être haut et fort, de sorte que, dans aucun cas, le boulet ne puisse percer le parapet, ce qui ferait le plus mauvais effet. Il faut pouvoir défendre ce parapet avec le plus grand avantage contre l'ennemi qui s'en approche de près, alors qu'il se dispose à donner l'assaut.

Il y a d'autres avantages d'un grand profil, savoir, un fossé plus profond, et l'escalade plus difficile. Les mesures à prendre contre les hauteurs qui dominent, pour empêcher que l'on puisse voir dans l'intérieur du retranchement, s'entendent d'elles-mêmes.

L'emplacement de l'artillerie en barbette est presque toujours le plus avantageux, parce que l'on peut voir plus librement autour de soi, surtout quand plusieurs ouvrages détachés sont encore défendus par des troupes placées derrière, et qui peuvent agir sans être gênées.

Quand il est question de faire un choix des empêchemens pour rendre l'abord plus difficile, la gradation suivante, fondée sur les meilleures théories, est recommandée. Viennent d'abord les palissades, qui rendent difficile la descente dans les fossés, puis les fraises, ensuite les trappes et les abattis, et enfin les fougasses. On ne peut pas toujours employer les inondations. L'essentiel est d'avoir ces obstacles sous le feu d'une troupe aguerrie et parfaitement déterminée à se défendre. La disposition, qui fait voir tout ce que vaut un retranchement (1), vient de celui qui y commande, et qui sait convaincre le soldat que les plus grands avantages sont de son côté, et qu'en faisant son devoir, l'ennemi ne peut, sans faire de grands sacrifices, s'emparer d'un ouvrage bien défendu, et construit selon les règles de l'art. Jamais on ne peut supposer que ceux qui attaquent soient en forces et en résolutions égales avec ceux qui se défendent. Si les troupes dans le retranchement rejettent la première fois l'ennemi qui a sauté dans le fossé pour donner l'assaut, il arrivera rarement que celui-ci veuille y revenir une seconde fois. Voilà la conviction qui doit encou-

---

(1) Le général Scharnhorst dit fort bien : « On peut « soutenir que la force d'un retranchement dépend plus « de la valeur des troupes, que de sa construction. »

7

rager celui qui se défend. Au contraire, l'assaillant doit compter sur l'effet de son artillerie,
en attaquant de vive force; sur sa supériorité
en nombre, et sur ce qu'il peut déconcerter
l'ennemi au premier abord; convaincu qu'il est
que ces avantages réunis décideront l'affaire en
sa faveur.

La défense par des ouvrages flanqués est un
excellent moyen, surtout quand il y en a plusieurs qui se défendent réciproquement. Cependant il ne faut pas croire qu'un soldat agisse
comme un automate, et qu'il ne visera pas sur
l'ennemi partout où il le découvrira. Des flancs
raccourcis, et faits simplement pour les petites
armes, sont plutôt destinés à plaire aux yeux
par le dessin, qu'à être d'une grande utilité
dans le fait. Si, au contraire, on peut employer
de l'artillerie, son utilité ne peut être révoquée
en doute.

Pour ce qui regarde la figure des différens
ouvrages, je crois que là où le terrain le permet, la redoute carrée est la plus parfaite, excepté le cas où elle serait plus grande qu'il ne
faut pour contenir un bataillon. Alors la redoute croisée, à angles émoussés, serait la plus
convenable. Des redoutes détachées, extrêmement grandes, régulières et sans avoir de rap-

ports sur le terrain, situées dans une plaine parfaitement égale, pourraient quelquefois réussir. Ainsi, où il y a des rapports avec le terrain, il faut s'y conformer, c'est-à-dire qu'il faut construire les ouvrages d'après ces données. S'il faut bâtir des fortins, dit Blockhaus, ce sera selon les idées de M. Muller; mais, avant tout, il faut chercher à donner un essor à la fumée. Il ne faut jamais construire des fortins à plusieurs étages, parce qu'il serait encore plus difficile d'en faire sortir la fumée.

Des retranchemens pour un corps d'armée entier doivent être construits d'une manière semblable à celle des camps de Bunzelwitz et de Colberg. Ces modèles méritent une étude particulière. Il faudrait, si les localités le permettent, donner la préférence aux ouvrages fermés, surtout aux redoutes, qui, selon M. de Scharnhorst, sont placées en échiquier. *L'idée principale, à l'égard de ces grands retranchemens, est de se rendre maître, par des ouvrages, des points principaux du terrain, et de pouvoir manœuvrer derrière et entr'eux, avec les troupes qui sont disponibles, en disputant chaque pas à l'ennemi.* On peut regarder cela comme la partie la plus difficile de la fortification passagère, parce que des connaissances et des talens de différente espèce doivent y concourir d'un commun accord.

Qui veut s'en convaincre, n'a qu'à lire les dispositions de Frédéric II sur la défense du camp de Bunzelwitz, et les projets que le général Laudon avait faits pour l'attaquer.

Il faut que les dispositions de celui qui se défend, embrassent tout ce qui regarde la sûreté et la vigilance, et principalement la défense nécessaire, soit des parties en détail, soit du tout en général. On doit établir des batteries masquées et des réserves bien placées. Tout le monde doit être instruit de ce qu'il doit faire ; et, pour y parvenir, il faut des ordres très-précis.

Celui qui veut attaquer va reconnaître la position de l'ennemi ; il cherche à entamer le côté le plus faible, il y concentre ses forces, il fait de fausses attaques pour tromper l'ennemi. La pointe du jour est presque toujours le temps le plus convenable pour exécuter une telle entreprise. Pour assurer le succès d'un début que paraît protéger la fortune, l'ordre et la bravoure sont indispensables.

B. *Fortification permanente.* Sous cette dénomination, nous entendons la construction, l'attaque et la défense des places.

Nous avons déjà dit quelque chose de la nécessité de ces grands établissemens et des rapports qu'ils peuvent avoir avec les opérations d'une guerre future. Cet article est d'autant plus important qu'il n'a été traité que très-imparfaitement dans les ouvrages militaires, et qu'on le passe trop rapidement dans les écrits qui ont paru à ce sujet. Je crois donc devoir le recommander spécialement à votre attention.

Aucun militaire, sans même être ingénieur, ne peut se dispenser de connaître la science des fortifications, au moins d'après ces principes généraux. Car, en premier lieu, la situation des forteresses et la guerre de siéges font tellement partie de la guerre même, qu'à moins de mauvaise volonté, il est impossible d'en ignorer les élémens. D'ailleurs chaque officier qui a du talent peut supposer qu'il pourra un jour jouer un rôle, soit en attaquant, soit en défendant une place. Dans ce dernier cas, il est à plaindre s'il manque des connaissances nécessaires à tout commandant de place. Il s'exposera à rester dans la dépendance de ses inférieurs; il commettra de grandes fautes, qui pourront compromettre la place et son honneur; il fera une mauvaise défense, surtout s'il est incapable de prendre une ré-solution. Ces raisons sont d'un grand poids pour démontrer la nécessité d'acquérir les connaissances les plus essentielles à l'art des fortifications.

Au reste, il est réservé à peu de mortels de commander des armées et de devenir de grands capitaines. Mais être utile à l'État comme commandant d'une place, être cité honorablement dans l'histoire de sa patrie : voilà le but auquel il est permis à chacun d'aspirer , et qui n'est pas moins glorieux. Un bon commandant rend une bicoque imprenable. Lui seul est l'ame de toute forteresse et de tout système.

La matière de la construction des places se trouve en tête de cette science. Il est nécessaire d'en connaître les premiers principes, puisque sans cette connaissance on n'entendrait rien ni à l'attaque ni à la défense. Une étude plus approfondie est proprement du ressort de l'officier du génie. Celui qui doit tirer parti de tous les expédiens que lui fournit l'ingénieur, est obligé de connaître leur influence réciproque, lors même qu'il n'aurait pas étudié chaque partie dans ses premiers élémens.

La partie suivante de l'attaque et de la défense est plus importante, en ce qu'elle doit être connue généralement. Nous les considérerons l'une après l'autre, en commençant par l'attaque.

On connaît plusieurs manières d'attaquer, comme la surprise, l'escalade, le blocus et le siége dans les formes.

Pour une surprise, il s'agit d'obtenir la connaissance de l'intérieur d'une forteresse, de sa garnison, et de tant d'autres choses, indépendamment du secret qu'exige une telle entreprise, que nous ne pouvons nous flatter d'en parler pertinemment et en peu de mots. Si la garnison et le commandant font leur devoir, la surprise ne peut avoir lieu. Pour se convaincre de cette vérité et de la nature même de la chose, on n'a qu'à lire l'histoire des surprises de Philipsbourg en 1635, de Crémone et d'Ulm en 1702, de Glatz en 1760, et de beaucoup d'autres.

Il en est de même des escalades, en ajoutant qu'elles sont beaucoup plus difficiles et plus rares. Schweidnitz, en 1761, est l'exemple le plus remarquable de nos jours.

Le blocus proprement dit se borne à occuper toutes les avenues, pour affamer la garnison. C'est un procédé extrêmement lent et qui suppose la connaissance de l'état des magasins d'une place, ou d'une trop forte garnison, comme par exemple, celle de Prague après la bataille de 1757. On y procède très-simplement. Les places dont les avenues sont très-difficiles, sont les plus propres à être bloquées. Il faut, s'il est possible, joindre un bombardement au blocus.

Pour nous, un siége dans les formes, est la chose principale. Il commence par l'investissement. Si celui-ci n'est pas complet, le commencement est défectueux. Il s'ensuit, entr'autres, qu'il faut toujours commencer par éloigner l'armée ennemie du voisinage de la place, et que ce n'est qu'après cette opération que l'on peut entreprendre le siége avec sûreté. Si l'on ne peut pas y parvenir, il faut observer l'ennemi avec un corps ou avec l'armée principale, et tenir séparée l'armée de siége.

Après l'investissement suit la reconnaissance exacte de la forteresse et de ses environs, ainsi que du pays éloigné de quelques lieues, car il est tout naturel d'en prendre une connaissance complète. C'est ici qu'il faut employer les expédiens topographiques et les levées militaires. Il faut chercher à apprendre à connaître la force et la faiblesse d'une place, la nature de ses ouvrages, l'état des magasins, de l'artillerie, des habitans et de la garnison, et *surtout le caractère du commandant*. On doit tirer parti, avec la plus grande activité, de tous les moyens qui peuvent y contribuer.

Après cela l'on choisit l'emplacement des

troupes de siége, du parc d'artillerie, de l'hô-
pital ambulant, des entrepôts de magasin. On
établit de même toutes les communications nécessaires entre les troupes.

Tous ces grands préparatifs annoncent déjà
qu'un siége est une grande entreprise. Beaucoup
de ces préparatifs n'appartiennent pas exclusivement à la partie de l'ingénieur, mais ils supposent tous une connaissance des dispositions
qu'aucun officier, qui pourrait en être chargé,
ne doit ignorer.

Si l'on veut se procurer une idée de tout ce
dont on a besoin pour un siége, il faut lire ce
qu'en dit le général de Tempelhoff dans la seconde partie de son *Histoire de la guerre de sept
ans*. Il ne veut que 80 bouches à feu en général
pour l'attaque, et pas moins de neuf mille quin-
taux de poudre. Si l'on doit les transporter par
terre, ainsi que toutes les autres munitions, il
faut employer 5792 chariots ; ce qui nécessite
avec le transport de l'artillerie de siége, 26,580
chevaux. Et cependant ce calcul est encore bien
modéré. Qu'on s'imagine donc ce que peut faire
celui qui met beaucoup d'activité à se défendre,
pour détruire de tels préparatifs, et l'on verra
clairement que la simple introduction pour faire
un siége, doit dans la règle occasioner beau-

coup d'efforts, et à plus forte raison si l'on n'a pu parvenir à éloigner l'armée ennemie qui s'est présentée pour protéger la place. C'est alors qu'il faut redoubler de soins, pour mettre tous ces préparatifs à l'abri, et pour n'en avoir plus d'inquiétude.

Après avoir pris toutes ces mesures, on fait un dépôt de tout ce dont on a besoin pour travailler à la terre, comme fascines (article important), gabions, sacs à laine, blindages, claies, pelles, bêches, pioches, etc.

Le choix du front d'attaque est enfin l'affaire de l'ingénieur en chef. Il en fait le plan et conduit le détail de l'exécution selon les principes connus.

On peut aisément comprendre combien il est important qu'un devis estimatif soit complet et adapté à la chose. Sans cela on travaillerait en aveugle, et l'on sacrifierait inutilement du temps et des hommes.

Le premier point concerne la première parallèle. Pour se convaincre de son importance, on n'a qu'à lire le siége d'Olmutz dans la deuxième partie de l'Histoire de sept ans, écrite par Tempelhoff. Un trop grand éloignement ruine l'artillerie, et nuit à son effet; un trop petit éloignement serait trop dangereux. Il paraît donc que la distance la plus convenable doit être de 700 à 1000 pas.

Vient ensuite le choix de la seconde parallèle liée à la première par ses deux ailes, laquelle doit se rapprocher autant que possible de la forteresse.

Enfin l'on trace la troisième parallèle au pied du glacis. L'établissement des batteries dans les trois parallèles s'entend de soi-même. Les batteries à ricochets sont les premières, ensuite viennent les batteries directes.

L'idée fondamentale de toutes les parallèles et de toutes les batteries est : *d'embrasser le front que l'on attaque, et d'enfiler par l'artillerie toutes les lignes de l'ennemi, ou de prendre de côté son artillerie et les troupes qui s'y trouvent, puis de démonter par les embrasures ses bouches à feu, et enfin de faire écrouler les remparts de la place*, ce qui cependant ne peut avoir lieu que lorsque l'on se trouve dans le chemin couvert.

Il n'est pas nécessaire de dire que tous les projets préalables doivent être tenus secrets; que personne ne se doute du véritable point d'attaque, et que personne ne doit savoir qu'il y a d'autres mesures à prendre.

Ce n'est qu'après avoir fixé le détail du service dans les tranchées que l'on met à exécution le projet qu'on a ébauché.

La première parallèle est l'ouvrage de la première nuit ; l'essentiel est de le faire avec ordre et d'éviter la confusion. Les dispositions qui y sont relatives sont simples ; il ne s'agit que de bien placer dans l'obscurité les travailleurs et les troupes qui les couvrent ; chaque officier doit y contribuer de son côté, et être bien déterminé à exécuter les ordres dont il est chargé.

Le jour suivant, l'on achève entièrement la parallèle, et elle est occupée par la garde de la tranchée ; après quoi l'on commence à tracer et à construire les batteries à ricochets.

Une description de tous ces arrangemens serait superflue. Je ne veux que tracer la marche à suivre pour un siége, en excitant l'attention sur ses difficultés, et en faisant voir qu'une guerre de siége suppose des connaissances et des talens, non-seulement dans les officiers du génie, mais encore dans ceux de toute arme, qui désirent y être employés avec utilité et avec distinction.

Plus l'assiégeant s'approche de la forteresse, plus les difficultés s'augmentent. Celles-ci commencent dès la seconde parallèle, les travaux et les dangers devenant plus grands. On a besoin de gabions et de sapes, dont les dernières doivent

être redoublées depuis la troisième parallèle jusqu'au logement sur le glacis. Les sorties des assiégés deviennent plus dangereuses. C'est ici que
commence la guerre souterraine avec des mines,
dont le calcul n'est fait que sur le gain d'un petit
espace de terrain, mais qui est de la plus haute
importance. Cette matière est d'une si grande conséquence, que l'on ne peut se dispenser de l'approfondir.

De ce qu'il y a aujourd'hui peu d'exemples de
couronnemens, et que nous ne connaissions les
termes techniques que par les livres, cela prouve
seulement que la guerre de siége a fait des pas
rétrogrades : c'était la faute des assiégés, comme
nous le ferons voir par la suite.

Lorsque les logemens sont achevés, on construit les batteries pour battre en brèche ; après
quoi on se prépare à passer les fossés. Tous les
livres qui traitent de la fortification rendent
compte des cas qui peuvent y avoir lieu, et en
général des mesures qu'il faut prendre.

Les fossés passés, on en vient à l'assaut, qui
peut être livré de plusieurs manières, et que l'on
ne peut pas toujours entreprendre sur le corps
de la place ; mais quand on a réussi à le donner,
quand l'ennemi est chassé des coupures qu'il a
construites derrière la brèche et de toutes ses

retirades, alors, et pas plutôt, on doit attendre la reddition de la place d'un ennemi qui fait son devoir.

Voilà la marche régulière d'un siége. Il peut cependant être de moindre durée, quand l'ennemi, en donnant l'assaut, pénètre dans la forteresse, ou lorsque l'assiégé capitule plutôt qu'on ne le pensait, ou lorsqu'on peut se loger d'abord sur le glacis.

Cependant le dernier cas, de même que les siéges des forteresses qui ont une citadelle, ou qui sont situées sur des rochers inaccessibles, dans un marais, ou au milieu des eaux, appartiennent aux exceptions auxquelles il faut adapter les principes pour les siéges réguliers.

La défense se règle selon la nature de l'attaque. Il faut se convaincre que celui qui se défend a de grandes ressources qui, bien employées, peuvent rendre l'attaque extrêmement difficile. La science enseigne ces ressources, il est vrai; mais c'est le talent de l'assiégé qui les fait valoir : il les crée pour ainsi dire une seconde fois.

La défense d'une place exige au préalable une connaissance exacte de la nature de ses fortifications, et de tout ce dont on a besoin pour faire une résistance vigoureuse.

La connaissance exacte de la place est la pre-

mière condition pour être un bon commandant.
Il ne doit pas se contenter de connaître le fort et
le faible de toute la place et de ses ouvrages en
particulier, mais encore la manière de les perfectionner le plus possible, non pas en épuisant
tous les moyens imaginables dont on n'est pas
toujours le maître, mais en employant avec discernement ceux qui sont en son pouvoir, et dont
il peut disposer dans la situation où il se trouve.
Dans ce cas la fortification passagère est d'un
grand secours, pourvu que le commandant sache
tirer parti des lieux circonvoisins. Il se trouvera
peu de places où cela ne soit pas possible, supposé que la garnison ne soit pas trop faible en
proportion de la place. Il appartient au jugement
de construire ces retranchemens, ou d'avance,
ou pendant le siége ; de rendre plus fort le côté
de l'attaque par des coupures éparses, par des
redans, et en tirant parti de tous les accidens du
terrain. Cette attention doit s'étendre sur tous
les points qui regardent la défense, comme sur
les inondations et sur le système des mines, sur
la construction des caponières dans les places
d'armes, des traverses dans le chemin couvert,
des coupures dans les demi-lunes et dans les
bastions, et jusqu'aux palissades placées avec
économie, et aux communications des ouvrages, etc.

Il est également important de pourvoir aux besoins de la forteresse relativement à l'artillerie, aux munitions, aux subsistances, aux fourrages, aux médicamens, etc. Il est surtout du devoir du commandant d'avoir soin, en temps de paix, de compléter l'état de la place qui lui est confiée. Mais si, en temps de guerre, un siége est à craindre, il faut qu'il fasse tout ce que ses forces lui permettent pour ravitailler la forteresse autant que possible.

Les munitions doivent être prêtes, l'artillerie bien montée et placée sur les remparts, les provisions au complet dans les différens magasins; et lorsque le siége est prêt à commencer, il faut évacuer les habitations voisines.

Rien de pis qu'une forteresse dans un mauvais état, et dépourvue de munitions, d'artillerie et de magasins : il vaudrait mieux qu'elle n'existât pas. Dans son état actuel l'ennemi peut facilement s'en emparer et s'en faire un point d'appui pour ses opérations. Rien n'est plus désespérant qu'une place forcée de se rendre, faute de subsistances. Tout commandant sur le compte duquel on peut mettre cette faute doit en répondre devant un conseil de guerre.

Folard dit : « Les anciens avaient coutume « de munir prodigieusement de vivres les places

« fortes menacées d'un siége, non pas pour trois
« ou quatre mois, mais pour trois ou quatre
« années tout au moins. Deux raisons les y
« obligeaient : la crainte d'être bloqués , et la
« loi inviolable de se défendre jusqu'à la der-
« nière extrémité.... Je conviens , ajoute-t-il,
« que la loi des résistances au degré le plus ex-
« trême est une chimère en ce temps-ci; on
« la renvoie aux anciens et à nos pères qui
« radotaient : mais on devrait considérer que
« l'ennemi, bien informé de l'état des choses, mé-
« surant la force de la place aux vivres qui
« sont dedans et à la dépense d'un long siége,
« aimera mieux, et gagnera plus , s'il est rai-
« sonnable, à la prendre par un blocus, que
« par un siége dans les formes ; il sera du
« moins assuré de s'en rendre le maître en trois
« ou quatre mois , faute de vivres , car le siége
« peut durer tout autant par la résistance des
« assiégés. »

Pour abréger, nous passerons sous silence
beaucoup d'autres préparatifs, tels que l'emplacement et la distribution des munitions , l'approvisionnement de fascines et de gabions ; la
préparation des balles à feu et balles goudron-
nées, et des feux d'artifice de différentes espèces ; les hôpitaux, l'état des casemates , l'orga-

ganisation de la police dans la ville et des pompiers , etc. Il en est de même des mesures à prendre au dehors , comme la démolition des ponts , des digues et gués ; le feu à mettre aux faubourgs ou au maisons qui touchent aux glacis ; l'abattement des enclos , des murs , en un mot la destruction de tout ce qui pourrait être nuisible à la place. En général , nous ne voulons faire mention que d'un seul principe qui doit guider le commandant ; c'est la manière avec laquelle il doit envisager la position où il se trouve. Il doit donc se convaincre que c'est à lui que la forteresse a été *confiée* par son souverain , et qu'il a *le droit* d'employer tous les moyens qui peuvent le conduire à ce but. Dans une place assiégée le commandant représente son maître. Il doit commencer lui - même par faire son devoir ; c'est le moyen de le faire faire aux autres. Il faut qu'il soit juste , mais sévère , et qu'il tâche d'acquérir par des qualités éminentes , et non par une condescendance mal placée , la considération de la garnison et des habitans. Alors il est sûr d'obtenir la confiance et l'affection. La garnison doit faire le service comme si le prince était présent. Les habitans doivent obéir au commandant. La conservation de la forteresse doit être pour tous la première loi. Celui qui y contrevient et se laisse corrompre, doit, pour servir d'exemple, être puni de mort, car il vaut mieux qu'un seul périsse que d'exposer le tout à être perdu.

Si l'ennemi a l'intention de s'approcher de la forteresse, il importe d'en être instruit; et on s'en instruit par des espions, et par des batteurs d'estrade; si l'ennemi s'approche en effet, on le sait, par des observations faites sur les édifices les plus élevés. Aussi est-il bon de concerter d'avance une télégraphie avec l'armée qui vient au secours de la place, soit de jour par des enseignes placées sur les clochers, ou de nuit par d'autres signes et par des fusées ou des lanternes.

Il serait trop long, et sans doute inutile, de vous entretenir, Messieurs, des mesures à prendre contre les trois premières manières d'attaquer une place, dont nous avons parlé précédemment. Je ne veux ajouter que peu de mots sur la défense contre une attaque dans les formes.

Je suppose que l'on connaît la conduite à tenir quand la place est investie, quand l'ennemi ouvre la tranchée, etc.; et on s'en instruira parfaitement, en suivant l'excellent ouvrage de M. Carnot, qui, sous le titre de la *défense des places fortes*, etc., a paru par l'ordre de Bonaparte pour l'instruction des élèves du corps du génie. Je crois que cet écrit contient beaucoup de pensées qui méritent d'être prises en grande considération.

Tant que les assiégés ne sont pas réduits à la défense d'un certain point par les batteries ennemies, ils peuvent employer leur artillerie avec la plus grande activité. Mais aussitôt que l'ennemi commence à tirer, une certaine économie est prescrite par l'étude même de l'attaque. Plus l'attaquant est éloigné, plus il est supérieur à l'assiégé. Celui-ci doit donc se convaincre que les véritables difficultés pour son adversaire ne commencent que de la seconde et de la troisième parallèle, et que, s'il sait tirer parti des hommes de l'artillerie et des ouvrages, il faut qu'il conserve sa supériorité sur l'assiégeant jusqu'aux derniers événemens du siége.

En effet, que l'art des siéges serait pauvre s'il ne procurait point cette supériorité à l'assiégé, et s'il ne lui fournissait pas les moyens de tirer le siége en longueur, et de parvenir à des résultats qui ne peuvent être enseignés par aucune théorie! Quoiqu'il soit vrai que toute forteresse doive tomber à la fin, il est cependant faux qu'on puisse calculer d'avance la durée de la résistance en général. Voici comment s'exprime M. Carnot à ce sujet.

« L'un des résultats les plus remarquables,
« dit-il (résultats auxquels les journaux de
« siége fournissent matière), est qu'une place
« de telle et telle grandeur, fortifiée suivant
« telle et telle méthode, est susceptible d'une
« défense commune de tant de jours à peu près ;
« car c'est sur ce nombre de jours qu'on règle
« les munitions qui doivent former l'approvi-
« sionnement de chaque place de la même classe
« et l'ensemble de la défense. »

« Mais, poursuit-il, il est un élément, et
« c'est le plus important de tous, qui ne saurait
« entrer dans ces sortes de calculs ; c'est
« l'enthousiasme, cet amour de la patrie
« et de la gloire qui animait les héros de
« l'antiquité, ceux des croisades, ceux de la
« chevalerie, et encore plusieurs guerriers fa-
« meux, tant des siècles derniers que nos con-
« temporains. Cependant ces traits de bravoure,
« qui sortent des règles établies sur la marche
« des défenses communes, rendent illusoire et
« même dangereuse l'application des calculs dont
« nous avons parlé ci-dessus : car en limitant
« sur une durée très-restreinte les moyens né-
« cessaires à une défense prolongée, elles in-
« terdisent en quelque sorte ces exceptions
« brillantes . . . . Ces calculs mathématiques

« ont produit de très-mauvais effets, parce que
« le temps fixé par eux, pour la défense d'une
« place, a été pris pour un *maximum*, tandis
« que ce n'est qu'un *minimum*. Ainsi, par exem-
« ple, le temps fixé pour la durée du siége de
« l'exagone par les calculs de M. de Cormon-
« taigne, étant de vingt-trois jours seulement,
« on a regardé ces vingt-trois jours comme le
« maximum de durée du siége de l'exagone,
« tandis que dans cette durée on ne considère
« que la défense résultante de l'effet des armes
« à feu qui est la moindre, et qu'on y fait abs-
« traction de la défense par les coups de main,
« qui est infiniment plus efficace, mais qui,
« parce qu'elle dépend du degré de courage de
« la garnison, est par là même indéfinie et non
« susceptible d'être soumise au calcul. . . . .
« Ainsi se forma cette opinion très-fausse et
« très-préjudiciable que les places ne sau-
« raient se défendre long-temps, qu'elles sont
« presque inutiles, et qu'il vaudrait mieux em-
« ployer les dépenses qu'elles entraînent en aug-
« mentation de forces actives. . . . . . .

« La fortification serait d'un bien petit avan-
« tage, si elle ne pouvait procurer qu'un appui
« si faible et si précaire ; et il n'est pas étonnant
« que des généraux, fondés sur ces résultats

« du calcul, aient soutenu leur parfaite inuti-
« lité. Mais heureusement ces calculs sont faux:
« les places fortes sont d'une importance bien
« supérieure à celles que leur supposent leurs
« plus zélés partisans, et l'expérience a montré
« mille fois que sans elles il n'y a rien d'assuré
« au dedans, aucune entreprises majeure à
« faire au dehors. »

« De ce que les meilleures places ne peuvent,
« suivant certains calculs, prolonger leur dé-
« fense au delà de quarante jours, tandis qu'on
« a vu les plus mauvaises tenir des années en-
« tières, on aurait grand tort d'en conclure
« qu'il est presque indifférent d'avoir des places
« bien ou mal fortifiées. Les places sont les ma-
« chines qui multiplient la puissance en raison
« de la longueur des leviers. Une place bien
« fortifiée réduit l'ennemi à une brèche étroite,
« tandis qu'une mauvaise expose les remparts à
« être ouverts à la fois de tous côtés. La pre-
« mière prend des flancs et des revers sur l'en-
« nemi dans tous les points qui en sont suscep-
« tibles; elle ralentit la marche de l'assaillant,
« la rend très-périlleuse, protége au contraire
« les coups de mains de l'assiégé, et assure sa re-
« traite pour lui procurer de nouveaux retours
« offensifs; elle multiplie les pertes de l'un, elle di-

« minue celles de l'autre; elle exige du premier
« des préparatifs immenses et souvent supé-
« rieurs à tous ces moyens, elle les épuise;
« elle le met hors d'état de rien entreprendre
« de plus, tandis qu'elle économise et tient en
« sûreté le matériel du second; en un mot, elle
« met celui-ci en état de résister à un ennemi
« dix fois aussi fort que lui, non pas un mois
« seulement, mais indéfiniment, en raison des
« subsistances et des munitions qu'il a pu réunir
« et renfermer avec lui dans sa place. »

Si l'on ne peut pas déterminer d'avance la durée d'un siége, il y a donc des instants où l'assiégé, qui entend son métier, peut arrêter l'assiégeant au delà du *maximum* dont parle M. Carnot; et où le fort de la défense, qui est aussi le plus brillant et le plus glorieux, n'a lieu qu'à l'attaque du chemin couvert. Tout commandant doit désirer de voir un tel siége; mais il faut en même temps qu'il acquière pendant la paix, le moyen de le soutenir avec honneur.

Je ne puis m'empêcher de citer encore quelques passages de l'ouvrage de M. Carnot, vu qu'ils exposent les raisons qui donnent droit de former de telles prétentions, et qu'ils peignent très-bien le véritable esprit d'une défense.

« La construction des places fortes, dit-il ;
« leur entretien, leur approvisionnement, en-
« traînent le souverain à d'énormes dépenses.
« Ces dépenses sont bien employées, puisqu'elles
« suppléent à des dépenses beaucoup plus
« grandes, qu'il faudrait faire pour augmenter
« l'armée active en proportion convenable. En
« effet, il faudrait placer à tous les débouchés,
« à tous les lieux où ces postes sont utiles, des
« corps de troupes qui pussent en tenir lieu,
« c'est-à-dire, huit ou dix fois aussi considérables
« que ceux qui en composent les garnisons ; car
« il est reconnu par l'expérience qu'une gar-
« nison peut tenir tête à une force à peu près
« décuple, à laquelle il faudrait en opposer un
« équivalente, s'il n'y avait une place forte pour
« y suppléer..........

« Mais les services importans que peuvent
« rendre les places, supposent qu'elles sont
« confiées à des personnes sûres, capables, dé-
« terminées ; autrement elles produiraient une
« fausse sécurité, elles seraient souvent plus
« nuisibles qu'utiles, puisque l'ennemi s'en sai-
« sirait facilement, et s'en servirait ensuite lui-
« même, comme d'un point d'appui, pour
« porter la guerre en avant.

« Ces grandes dépenses nécessitées par les

« places fortes ont pour objet d'y adapter les
« meilleures maximes connues sur la fortifi-
« cation, les constructions indiquées par les
« maîtres de l'art : mais de quoi serviront tous
« ces travaux, si l'on rend les places avant que
« ces mêmes travaux soient seulement entamés
« par l'ennemi ? Or, en général, ces travaux
« sont le corps de place même, ou lui tiennent
« de fort près; c'est là que se trouve ce qui
« constitue proprement le système de la fortifi-
« cation : ce système est enveloppé par le che-
« min couvert et les glacis. Jusque-là peu im-
« porte le tracé, il n'est presque pas même
« aperçu; il est composé de parties qui se flan-
« quent, quel que soit ce tracé, et dont le feu
« se croise sur les avenues, un peu plus, un
« peu moins bien : mais la différence du meil-
« leur au plus mauvais ne peut produire au
« plus qu'une différence de deux ou trois jours
« sur les progrès des attaques jusqu'au glacis. »

« S'il était vrai, dit le général d'Arçon,
« qu'une place eût quelque raison de se rendre
« après que l'attaquant serait parvenu à se loger
« sur le chemin couvert, il serait d'abord très-
« égal que les places fussent bien ou mal forti-
« fiées; car il n'en coûte pas plus d'aborder le
« chemin couvert de la place la plus formi-

« dable, que celui de la plus faible : ce n'est
« toujours, dans ces deux hypothèses, qu'une
« masse de terre couvrante, également acces-
« sible; et très-peu importe, en effet, à l'opé-
« ration du logement, que les remparts et leurs
« dépendances soient ou ne soient pas parfai-
« tement organisés. Ceux qui avancent de pa-
« reilles propositions ne savent pas que c'est
« précisément à ce terme où ils prétendent
« finir leur défense, que les braves gens com-
« mencent la leur; ils ne savent pas que ce se-
« rait dispenser l'assiégeant de la reprise des
« chemins couverts, dont on peut le chasser
« plusieurs fois de suite; ils ne savent pas que
« ce serait lui épargner l'embarras de recons-
« truire ses batteries de brèche, qu'on peut
« faire sauter à différentes reprises; ils ne savent
« pas que ce serait le dispenser des travaux pé-
« nibles et meurtriers, des descentes et des pas-
« sages de fossés, sur les demi-lunes d'abord,
« et ensuite sur les bastions; ils ne savent pas
« que les attaquans ne peuvent s'attacher au
« corps de place, qu'ils n'aient procédé contre
« les demi-lunes et les tirs en brèche qu'elles
« peuvent renfermer; ils ne connaissent pas
« les ressources que les défenseurs peuvent em-
« ployer pour démasquer tout à coup des feux

« conservés, pour revenir offensivement sur les
« logemens étroits et timides où les attaquans
« ne peuvent déployer leur supériorité ; ils ne
« connaissent pas les avantages de la successi-
« bilité des retranchemens en retirade , ni les
« chicanes de caponnières, ni les déblais des
« brèches par les effets des mines ou des fou-
« gasses , ni les retranchemens dans les bas-
« tions, etc. , etc. . . . . . .

« Dans la proximité du corps de place, chaque
« minute coûte plus d'hommes à l'assiégeant ,
« qu'un jour entier lorsqu'il est à l'ouverture
« de la tranchée : chaque coup de canon de
« l'assiégé est plus meurtrier que cinq cents
« tirés au commencement du siége. Les sorties
« produisent des effets infiniment supérieurs et
« moins dangereux pour la garnison , parce
« que l'ennemi est plus éloigné des corps qui
« doivent le soutenir, tandis qu'au contraire
« l'assiégé se rapproche du centre de ses
« moyens. . . . . .

« C'est à l'attaque des brèches que l'assiégé,
« quoique inférieur en nombre, est cependant
« beaucoup plus fort par sa position , parce
« qu'il domine, qu'il ne peut être attaqué que
« sur un front égal au sien à l'étranglement de
« la brèche, qu'il ne peut être tourné, que la

« cavalerie n'a point d'action sur lui, que l'en-
« nemi n'a point encore d'artillerie ; tandis que
« lui, défenseur, s'il a su profiter de ses avan-
« tages, doit en avoir plusieurs pièces de ca-
« chées, qu'il a su réserver pour cet instant
« décisif. En un mot, ce qu'a fait l'assiégeant
« jusqu'alors n'est qu'un jeu auprès de ce qui
« lui reste à faire. Il sera bientôt rebuté si l'as-
« siégé tient bon, et celui-ci touche au moment
« de recueillir le fruit de ses travaux. »

Ces pensées méritent d'être prises en considération, surtout quand on songe que le succès
d'une campagne, et même le salut de l'État, dépendent quelquefois de la défense d'une forteresse. Si elle vient à tomber, sa chute dérange
tous les plans ; et, en général, quand celui qui
commande une armée ne peut compter sur sa
résistance, il perd jusqu'à la faculté de pouvoir
venir à son secours. Il faut au moins qu'elle
puisse tenir jusqu'à cette époque, et c'est pour
cette raison qu'il s'agit de prendre une résolution motivée sur les principes ci-dessus allégués.

Mais supposons qu'un commandant n'ait à
espérer aucun secours, ou que ce secours soit
très-incertain, il ne lui appartient pas d'en peser
les raisons, et encore moins d'entrer dans des
discussions politiques militaires sur l'influence

que la conservation de la forteresse pourrait
avoir sur le tout. Ces sortes de spéculations sont
tout-à-fait déplacées; car la forteresse seule, et
rien que la forteresse, lui a été confiée : il doit
répondre de sa conservation en homme d'honneur, et dans toutes les circonstances.

On ne doit pas ignorer, d'ailleurs, que le
siége d'une forteresse coûte toujours beaucoup
à l'ennemi, la consommation des provisions de
toute espèce étant très-considérable. Un siége de
longue durée entraîne déjà la perte de beaucoup
d'hommes, surtout quand il est prolongé jusqu'à
l'arrière-saison, où l'ennemi en perd presqu'autant par les maladies que par le canon. Il ne
peut même pas toujours rassembler toutes les
provisions nécessaires à son opération.

C'est alors que l'assiégeant se trouve heureux
d'avoir affaire à un commandant perfide ou né-
gligent. Qui sait même s'il n'y a pas compté ?
Je repousse cette idée avec horreur; et je me
contente de dire, en finissant ce chapitre sur
la défense des places, que tout commandant de
place assiégée, doit la défendre jusqu'à l'extrémité; et qu'une belle défense honore son caractère, et est toujours avantageuse à l'État.

7°. *Tactique.*

Nous arrivons à la tactique, ou au principe de ranger et de faire mouvoir les troupes. Cette science renferme beaucoup de choses dont il est inutile de faire l'énumération. Quand une troupe séparée se range et se met en mouvement, et qu'une armée fait de belles marches et choisit de bonnes positions pour combattre l'ennemi, il se trouve dans tous les cas un art de les ranger et de le faire mouvoir, mais selon d'autres proportions. Il n'est donc question que d'adopter une échelle proportionnée, sans que pour cela il soit nécessaire de donner cours à une dénomination particulière, ou à un terme technique qui pourrait être obscur et susceptible de différentes interprétations. Ainsi, je divise cette science en tactique inférieure, et en tactique supérieure, en suivant l'exemple de M. de Nicolaï, ci-devant lieutenant général au service de Wurtemberg. Je regarde comme superflues toutes les autres manières de la diviser en tactique *pure* et tactique *appliquée*, l'une ne pouvant se concevoir sans l'autre.

A. *Tactique inférieure.*

Elle contient, comme l'observe très-judicieusement M. de Scharnhorst, la connaissance des armes, et les principes pour dresser les soldats, et ceux des évolutions, les mouvemens simples d'un ou de plusieurs bataillons, d'escadrons, de brigades, des divisions et même de corps, soit d'infanterie ou de cavalerie.

I. *Les armes.*

a. *De l'infanterie, ou le fusil, dont il faut connaître la construction, la charge et sa portée.*

Je passe sur les deux premières, et je me contenterai de faire quelques observations sur la portée du fusil.

Il faut avoir des notions justes de la ligne que d'écrit la balle, pour pouvoir en abstraire la manière de viser et d'atteindre le but. On trouve sur tout cela des notices dans le troisième tome du Manuel de Scharnhorst.

Il s'ensuit que, si l'on vise bien avec des fusils, les trois quarts des balles atteindront l'infanterie, et les cinq sixièmes la cavalerie, sur une distance de cent pas ; et sur deux cents pas de distance, les deux huitièmes porteront sur l'infanterie et la moitié sur la cavalerie. On trouve de même dans ce manuel les causes de l'incertitude des coups de fusils ordinaires, ainsi

que la vraisemblance de l'atteinte des arquebuses.

En comparant la sûreté des coups avec des balles
de calibre, à ceux des balles d'arquebuse, on voit
qu'au delà de cent cinquante pas un coup d'arquebuse fait autant d'effet que deux ou même trois
coups de fusils. Mais les expériences qu'on a faites
à ce sujet ne l'ont été que partiellement, et semblent encore admettre une déviation quand on
tire en troupe. Car quand on admet que la moitié
des balles de fusil porte, sur une distance de
deux cents pas, dans un escadron dont la surface
contient environ 1120 pieds carrés (1), et que des
balles d'arquebuse, sur une distance de deux cent
cinquante pas, la moitié peut également porter
dans une surface de quatre pieds huit pouces de
hauteur et de largeur, ou de vingt et un pieds carrés et sept neuvièmes, il faut que cette différence
augmente encore, s'il est impossible de viser
aussi juste en combattant en troupe.

L'incertitude de l'atteinte des fusils de l'infan-

---

(1) Selon Scharnhorst, un cheval occupe en front un
pas ou vingt-huit pouces ; par conséquent, un escadron
de soixante files occupe soixante pas, ou cent quarante
pieds. La hauteur d'un cavalier à cheval peut être es-
timée de huit pieds.

terie résulte de deux causes : en premier lieu
par le rang serré, dans lequel même le tireur d'arquebuse pourrait beaucoup moins atteindre le
but, et où certainement il chargerait beaucoup
plus lentement que s'il était seul. La proportion,
pour atteindre le but des arquebuses en comparaison des fusils, ne pourrait donc plus être
comme 1 à 3; vu que les tireurs se trouveraient
également privés de la possibilité de viser
juste, il est vrai, mais que le fusilier pourrait
charger son fusil beaucoup plus vite que le chas-
seur, et presque aussi-bien que s'il se trouvait
seul sur la place (1).

En second lieu, la faculté d'atteindre le but
avec des fusils est encore incertaine, à cause de
leur construction, qui ne peut être changée sans
qu'il en résulte d'autres inconvéniens; car,
comme la mire de ces fusils est l'unique ressource, et que l'on ne saurait y appliquer des
visières, dont cependant on ne peut se passer,
il en résulte que, dans tous les cas où l'éloignement est plus grand que la portée du but en blanc,

-----

(1) Dans l'armée prussienne, on tirait autrefois six
fois dans une minute, et pour la septième fois, il fallait que la balle fût déjà dans le canon. Seul, on ne
peut pas tirer plus vite.

ou environ deux cents pas et au dessus, il n'y aura
que la moindre partie des balles qui atteindra le
but. Le général de Scharnhorst est donc d'avis qu'à
la distance de deux cents à deux cent cinquante
pas il faut viser à la tête, en alléguant les expériences qu'a faites le prince de Ligne, et selon
lesquelles on doit à la distance de trois cents pas
viser un pied plus haut que la tête de l'ennemi.
Je suspends mon jugement sur la possibilité de
viser ainsi en combattant en rang serré.

Il s'ensuit de tout ce que nous venons d'exposer, que, dans cette dernière manière de combattre, l'infanterie peut et doit viser autant que
possible; mais que, selon la règle, *elle doit suppléer par la quantité de son feu ce qui manque à
la qualité*. C'est à quoi se rapporte ce que nous
avons dit à ce sujet, ainsi que la loi suprême
pour l'infanterie de ligne et pour l'infanterie
légère. Celle-ci doit pouvoir faire face à ses adversaires, pour ce qui regarde la dextérité de
viser et d'atteindre le but, autant que la construction de ses fusils le lui permet. L'infanterie
de ligne, au contraire, gagne peu en visant
d'une manière trop pénible, et doit, comme l'on
peut moins la manquer dans ses rangs serrés,
chercher à atteindre une supériorité par le

nombre des balles qu'elle envoie à l'ennemi dans une direction déterminée.

b. *De la cavalerie.*

1°. L'épée et le sabre; 2° la carabine et le pistolet; 3° la lance.

Je suppose la connaissance de la construction de toutes ces armes, telle qu'elle doit être, et j'observe qu'il s'agit principalement de la manière de s'en servir. On a beaucoup disputé si, dans un choc, l'estocade était à préférer à la taille. Je trouve la dernière plus avantageuse en ce qu'elle est plus naturelle, et que les peuples les plus habiles à combattre à cheval s'en servent plus communément. Le meilleur coup est celui qui met l'ennemi hors de combat ou pour toujours, ou au moins pour un temps de longue durée. Cela ne peut pas toujours s'exécuter contre l'infanterie; mais, contre la cavalerie, les blessures faites à la gorge ou au bras, surtout dans les jointures, ainsi que sur les mains, sont les plus mauvaises. Une blessure à la tête guérit bientôt, mais une blessure à la jointure met celui qui la reçoit hors de service.

Les coups de pistolet sont extrêmement incertains; ils demandent beaucoup d'exercice, et la théorie n'y fait presque rien. Peut-être vau-

drait-il mieux, en général, se servir de mous-
quetons que de pistolets. Cependant un bon
tireur de pistolet peut être très-utile. Les cara-
bines sont bonnes pour l'escarmouche, ou quand
on met pied à terre ; dans ce cas, les arquebuses
pourraient aussi faire un bon effet. Au moins la
difficulté de tirer étant à cheval ne peut pas être
un obstacle insurmontable.

La lance est une excellente arme, mais il faut
beaucoup d'adresse pour la manier. Si le lancier
a la même dextérité que son adversaire qui se
sert du sabre, il lui sera toujours supérieur : mais
une telle égalité se rencontre rarement.

2. *De la manière de dresser le soldat.*

Elle est sans doute bien importante ; car si le
soldat de toute arme n'est pas formé en particulier,
il ne fera jamais grand'chose réuni en troupe.
Il n'y a qu'une nécessité absolue qui puisse forcer
à ne pas dresser le soldat en particulier. Celui-ci
doit apprendre à suivre l'impulsion de sa troupe,
et à s'aider lui-même, soit en combattant en rang,
ou à la débandade ; ce qui est le plus nécessaire
pour les troupes de ligne, parce qu'un combat
de tirailleurs est plus libre et dépend plus du
jugement des soldats. C'est ce qui fait que les
troupes légères s'améliorent par la guerre, et

que les troupes de ligne se gâtent. Pour rendre les troupes de ligne agiles, il faut les dresser d'une manière toute particulière. On doit accoutumer les troupes de toute arme à exécuter avec précision les évolutions. Il faut surtout qu'elles soient attentives au commandement ; que la cavalerie sache bien monter à cheval ; que l'infanterie fasse ses mouvemens avec régularité ; que toutes deux sachent bien s'aligner et se servir de leurs armes avec dextérité. Je n'ai pas besoin de dire que le soldat doit savoir prendre l'attitude guerrière, et avoir toujours un air mâle.

Les évolutions.

a. *De l'infanterie.*

La méthode de ranger en trois rangs l'infanterie de ligne, et l'infanterie légère en deux rangs, me paraît la meilleure. L'infanterie de ligne gagne par là une densité convenable, et l'infanterie légère acquiert le moyen le plus commode pour pouvoir se disséminer.

Quant à la force que doit avoir un bataillon, il faut que le commandant puisse le faire mouvoir sans peine. Des bataillons trop forts sont des masses trop lourdes : trop faibles, ils se fondent en campagne en de trop petites bandes, et laissent trop d'intervalles. La véritable force d'un bataillon paraît ne devoir pas être au-dessous de cent, et pas au-dessus de mille hommes.

Les intervalles ne doivent pas être trop grands; ils servent à conserver l'ordre, à rendre les bataillons plus agiles et à placer l'artillerie.

La division d'un bataillon en compagnies, en pelotons, etc., repose sur les mêmes principes que celle du bataillon même.

Enfin, il est à remarquer qu'un bataillon doit être pourvu d'un nombre suffisant d'officiers. Chaque peloton doit en avoir un à sa tête, et quelques-uns doivent fermer la marche.

L'alignement est un chose sur laquelle repose la force manouvrière des troupes. Ses principes fondamentaux sont consignés dans la méthode de dresser les soldats un à un. Il ne s'agit pas d'établir une contrainte ridicule, mais de faire de l'alignement une habitude facile et naturelle. Car la tactique inférieure suppose une unité machinale du tout, et cette unité ne peut être acquise que par un grand exercice, soit homme par homme, soit en compagnie, soit en bataillon. Voilà la raison pour laquelle l'alignement de plusieurs bataillons est une affaire importante; et les évolutions servent de base à la tactique supépérieure. Les principes de l'alignement sup-

posent des notions sur la formation et la pro-
longation d'une ligne droite; notions simples,
mais essentielles et que peu d'hommes possèdent parfaitement.

La même observation peut s'appliquer à ce
qui regarde la longueur des pas et la cadence de
la marche.

Quant aux mouvemens, il faut d'abord observer les différentes manières de former et de
rompre la ligne. Les plus simples méritent la
préférence. Cependant la marche dans l'alignement en colonne ouverte ne peut que rarement
avoir lieu en grand. Les déployemens ne sont
à préférer que quand ils peuvent s'effectuer
par des colonnes de corps entiers, rom-
pues au milieu, ainsi que les développemens
en éventail. La formation d'une ligne par des
colonnes serrées qui dirigent leur marche si-
multanément sur des points marqués d'avance
par des aides de camp, en se développant après,
pourrait dans beaucoup de cas, être mise en
usage; et cette formation serait celle qu'une armée pourrait exécuter le plus facilement dans un
rendez-vous. Le terrain et les objets divers pourraient alors indiquer les alignemens; et il ne
s'agirait que des distances, ce qui serait l'affaire
de ceux qui doivent les marquer. Si les accidens du terrain entrecoupent l'alignement,

la division en plusieurs colonnes , et la marche avec des distances entre les pelotons sont la meilleure manière de former la ligne. Au cas que ceci ne puisse avoir lieu, la méthode de faire marquer des points d'avance , doit suppléer aux défauts accidentels du terrain. Voilà l'idée de ces deux sortes de formation. Au reste, ce sont les circonstances dans lesquelles on se trouve qui doivent déterminer les choix parmi les différentes méthodes dont nous venons de parler.

Comme la tactique en lignes déployées n'est pas du goût de notre siècle , leur mouvement en avançant et l'alignement de plusieurs bataillons qui s'y rapporte, pourraient exiger moins d'attention. Mais cette tactique suppose des troupes exercées , et par cette raison mérite d'être mise en pratique. Il est vrai que, pour s'en servir à la guerre, il faut posséder l'art d'y adapter les opérations requises pour pouvoir battre l'ennemi en lignes déployées , c'est-à-dire , pour l'attirer sur un terrain ouvert. Si cela est possible , cela est utile : il ne faut jamais négliger l'occasion de faire manœuvrer des troupes bien exercées ; car de telles troupes ont, choses égales d'ailleurs , un immense avantage sur les autres.

On pourrait croire que les longues lignes sont contraires à la tactique moderne , mais quiconque sait apprécier la *fameuse* méthode de tourner l'ennemi, et rester concentré, peut à son tour contraindre l'ennemi à rester concentré lui-même.

Les points d'alignemens et les points de vue ne peuvent pas être indifférens à celui qui s'est pénétré des vérités que nous venons d'établir, quoique la pédanterie ne doive pas s'en mêler. Je suppose la connaissance des principes et des expédiens corrélatifs. On ne prétend pas, sans doute, que plusieurs bataillons s'avançant en ligne puissent se mouvoir, comme on le fait d'une règle sur une table. Mais on doit être assuré de remplir un terrain quelconque par une ligne mise en mouvement sur une direction indiquée, et surtout de ne pas voir cette ligne se tourner, ou refuser une de ses ailes à l'égard de l'autre, contre le dessein que l'on s'était proposé d'exécuter. Il est donc bien important de savoir conduire un bataillon, et principalement celui de qui dépend l'alignement en général, et une brigade, selon l'idée qui sert de base à la manœuvre. Maintenir l'alignement n'est pas moins essentiel d'après ces principes. Cependant il y a des exceptions, surtout dans les mouvemens de corps entiers, et il n'y a pas d'exemples que par des déviations imperceptibles, des batailles aient été perdues. Vous voyez, Messieurs, que la vérité est ici, comme partout, entre deux extrêmes. Une ligne qui s'ébranle pour attaquer doit ressembler à une muraille, ou, si l'on veut, à un front de fortification mouvant, et être impénétrable selon la nature de tous les mouvemens tactiques exécutés en ligne.

Je passe sous silence les différentes manières de rompre la ligne pour défiler, et les mouvemens qui s'y rapportent. S'il s'agit de former une ligne de plusieurs bataillons, pour entreprendre une attaque oblique, la méthode de diviser cette ligne en échelons est la meilleure (1).

---

(1) Il y a des esprits merveilleux qui ne veulent goûter les anciennes vérités qu'autant qu'elles leur paraissent nouvelles. Ces messieurs dédaignent l'attaque en échelons, car ils croient conduire leurs attaques avec des corps d'armée entiers, selon les nouveaux principes. Mais ils ne disent pas comment il faut se conduire pour attaquer l'ennemi avec des forces supérieures, en concentrant ces corps sur le point où l'affaire doit se décider, ni quels moyens il faut employer pour laisser hors de combat une partie de ses moyens (les termes d'*ailes* leur paraissent surannés); en un mot, ce qu'ils pensent substituer aux échelons : voilà sur quoi il plaît à ces messieurs, ou de ne dire mot, ou d'embrouiller la question dans de longues et interminables périodes.

Il faut cependant que les échelons ne soient pas trop éloignés les uns des autres, et que le point d'attaque soit nourri de plusieurs troupes. Pour attaquer d'une autre manière en refusant une aile, il faut marcher sur la diagonale, ou l'on court risque d'être pris en flanc. Un autre avantage des échelons est de pouvoir rassembler au point d'attaque plus de troupes que l'ennemi, et c'est en quoi l'on doit chercher l'avantage de l'attaque oblique. Pour rendre cela plus clair, je vous invite à jeter les yeux sur la figure suivante.

Soit A, B, les échelons d'une ligne qui s'avance,

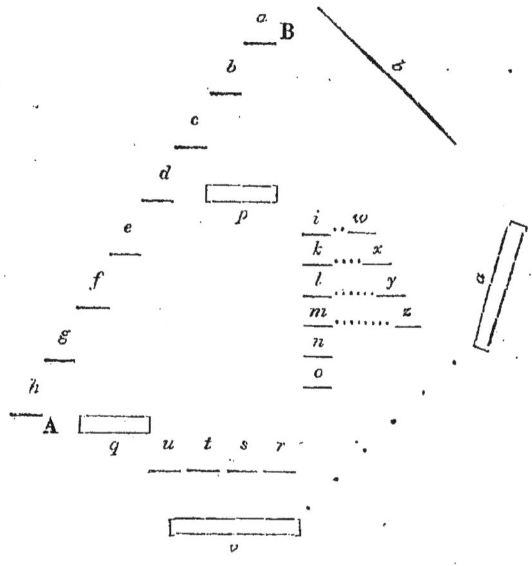

a, b, c, d, e, f, g, h, les échelons différens éloignés de cinquante pas (et pas davantage) les uns des autres. Quelques escadrons sont placés derrière l'infanterie en p et q, le long du terrain, pour être à portée selon le besoin. La seconde ligne est rangée par bataillons en i, k, l, m, n, o, éloignés de cent pas les uns des autres; et le bataillon i, de trois cents pas du premier bataillon a. La réserve en r, s, t, u, est éloignée de cinq cents pas derrière la première ligne A, B. La réserve de la cavalerie reste en v. Il paraît que, d'après cette contre-manœuvre, l'attaque peut non-seulement être renforcée de cette manière, mais que cette belle méthode de tourner peut être limitée, et que l'ennemi peut être tourné à son tour. Car si, en attaquant il sortait de b, la cavalerie de réserve v se mettrait en mouvement sur a, ou les bataillons i, k, etc. pourraient se déployer vers w, x, y, z. Si le terrain l'empêche, l'ennemi ne peut également se diriger sur b. En tous cas, on aura l'avantage de pouvoir soutenir vigoureusement l'attaque, et d'y employer les moyens les plus simples, sans avoir besoin de marcher sur la diagonale, ce qui est toujours désavantageux, et conduit souvent au désordre. Autre chose est d'exercer les troupes, autre chose de les mener au combat.

C'est donc sur les places d'armes que l'on doit réléguer tout changement de front d'une ligne de plus d'un bataillon fait avec un art trop raffiné ; toutes les conversions de plus de la huitième partie du cercle ; des contre-marches de grandes colonnes entières, de changemens d'ordre de marche en changeant les ailes, etc. Ces évolutions exécutées partiellement peuvent rendre un bataillon plus mobile. Mais vouloir les faire avec un corps entier, serait une faute que les règles condamnent et qu'il faut éviter, soit à l'attaque, soit à la défense. Ce sont des hors-d'œuvre, plus faits pour les spectateurs que pour la pratique. Le changement de direction des têtes de colonne est une affaire du ressort de la tactique supérieure.

Une des évolutions les plus remarquables est celle du *carré*. Sa formation doit être simple et tout au plus composée d'un bataillon. S'il y en a plusieurs, chacun doit former le sien.

L'excellence de cette évolution a souvent été prouvée par l'expérience, attendu que plus d'une fois une brave cavalerie a vainement essayé de percer le carré d'une brave infanterie. On pourrait donc en inférer que cette question est décidée. Mais l'esprit humain, ne voulant jamais s'arrêter, il lui arrive de critiquer l'expérience, quoique la meilleure des institutrices; et même de la tourner en ridicule. Voilà pourquoi l'on a souvent examiné la question de savoir si l'infanterie formée en carré peut résister à la cavalerie, ou si la cavalerie peut toujours et doit nécessairement percer, selon la règle, l'infanterie qu'elle attaque ?

Il paraît que l'on a oublié que cette affaire ne peut être décidée par abstraction, et que des circonstances accessoires et des causes secondaires y interviennent toujours pour rendre vaines ou illusoires les plus brillantes abstractions de la théorie. Car on peut admettre comme axiome, que la contenance et la bravoure des troupes qui s'entr'attaquent ne peuvent jamais, et en aucun cas, être les mêmes; que par conséquent la cavalerie, si elle a plus de bravoure que l'infanterie, pourra toujours la percer, et que, dans le cas contraire, l'infanterie fera toujours reculer la cavalerie. Sans doute c'est un problème à résoudre, que cette infanterie, pour que la cavalerie éprouve plus de difficulté à la percer, puisse choisir une manière encore plus forte de se former; mais tout brave militaire qui sert dans la cavalerie, soutiendra que la solution en est impossible. Il dira : « Nous terrasserons l'infanterie, quand « même elle voudrait se mettre sur dix rangs. »

Et il prouvera cette assertion par l'impétuosité du choc. Il faudrait qu'il désespérât de son arme, s'il n'était pas convaincu de sa supériorité; et l'infanterie lui donnera raison, supposé qu'elle veuille consentir à être passive. Mais cela n'étant pas possible, elle mettra sa confiance dans son feu et dans une contenance encore plus ferme, en voulant s'épargner la peine inutile d'opposer la masse à la masse. Le théoricien impartial sera donc forcé, ou de céder aux raisons que chacune de ces deux armes vient d'alléguer, ou il ira se perdre dans des cas métaphysiques qui ne sauraient, et en aucune manière, avoir lieu, tel, par exemple, que celui où la bravoure et la manœuvre seraient exactement égales des deux côtés (1).

Ne vouloir pas en convenir est une folie,

---

(1) Si la théorie pouvait être portée à la plus haute perfection pour toutes les armes, s'il était possible que la bravoure fût en effet égale des deux côtés, la résistance serait égale à l'attaque, ou toutes les deux parties pourraient être comparées à deux boules de billard qui s'entrechoquent avec la même force; c'est-à-dire, toutes les deux se repousseraient également. Or, comme l'on ne peut juger des troupes d'après les lois du choc de ces boules, il s'ensuit que, quand même les préceptes de la théorie pourraient partout être mis en pratique, on ne parviendrait néanmoins à aucun résultat solide.

vu que la force dela pression parle d'un côté en
faveur de la cavalerie , et l'expérience dans
beaucoup de cas en faveur de l'infanterie. Comme
donc l'expérience prouve que le choc peut quelquefois perdre de sa force , et que cela ne dépend pas de la contre-pression , mais du feu,
puisqu'il serait conséquemment inutile de diminuer le feu, qui cependant est le plus essentiel ,
ou de préférer un ordre plus profond , à cause
de la contre-pression devenue trop faible ; il ne
reste plus qu'à admettre que la défense de l'infanterie et l'attaque de la cavalerie dépendent
d'une bravoure supérieure à celle de leurs adversaires ; que l'ordre d'un carré ordinaire
réunit le plus haut degré de perfection ; que
l'infanterie doit s'y croire invincible , et qu'au
contraire la cavalerie doit se persuader qu'elle
peut la percer. Ce débat entre les deux armes
n'est qu'une noble émulation , et ne peut être
décidé par aucun tribunal.

Il y a encore une évolution qui mérite attention, c'est l'attaque en pleine colonne (1).

---

(1) Il est cependant nécessaire d'observer qu'il n'est
question ici que du choc que l'on pense pouvoir faire
avec une colonne serrée, pour percer l'ennemi. Quant
aux colonnes serrées que l'on forme pour se mouvoir

Le chevalier Folard ayant inventé un système de colonne, qui fut rejeté comme une fantaisie militaire, on dit que ce système a reparu depuis et a décidé le succès de plusieurs grandes affaires : observons d'abord l'essence de ces colonnes de bataille ; nous examinerons ensuite comment elles ont pu reparaître récemment sur le théâtre de la guerre.

Une colonne est un rassemblement de soldats serrés étroitement, qui présente en proportion un petit front sur une grande profondeur. On lui suppose une force supérieure dans le choc. Mais Guibert dit avec raison « que toutes les « lois physiques du mouvement et du choc ne « sont que des chimères, lorsqu'on veut les « appliquer à la tactique. » Cela paraît juste, si l'on réfléchit avec cet écrivain qu'une troupe de soldats ne peut être comparée à une masse

---

avec plus de facilité, l'auteur partage entièrement les sentimens de M. le général Rogniat. (Voyez ses *Considérations sur l'art de la guerre*, ouvrage d'un grand mérite.) Donc, quand il s'agit de se mettre en mouvement, il faut former des colonnes ; mais quand il s'agit de combattre l'ennemi, il faut les déployer. Voilà la véritable acception, en général. Sans doute, il peut y avoir des exceptions ; mais il n'y a pas de règle sans exception, et il sera bien facile de les remarquer.

dense et sans intervalle, ni à un corps solide ;
qu'il n'y a que ceux qui se trouvent sur le
devant qui peuvent agir, et que c'est une folie
de croire que ceux qui les suivent, peuvent les
pousser en avant ; qu'ainsi l'on ne peut en
général regarder une troupe comme une machine sans volonté et sans sentiment pour le
danger. Le soi-disant produit de la vitesse et de
la masse tombe de soi-même. Guibert ne veut se
servir des colonnes qu'à l'attaque des angles
saillans des fortifications, ou en passant des
défilés. « L'avantage de cette manière d'at-
« taquer, dit-il, ne consiste pas dans la cohésion
« parfaite des rangs, mais plutôt dans la suc-
« cession non interrompue des forces produites
« par les divisions rangées les unes derrière
« les autres, pour parvenir à un point d'attaque,
« dont elles ne peuvent voir les obstacles, et
« du feu duquel elles n'ont pas beaucoup souf-
« fert. »

En conséquence de cette dernière restriction
il serait bon d'employer les colonnes en rase
campagne, alors qu'une infanterie victorieuse
perce en colonne l'ennemi qu'elle a ébranlé.
Mais dans ce cas l'affaire sera décidée, et l'on
ne pensera guère à la formation des colonnes.
Cependant le contraire pourrait avoir lieu. La

difficulté principale serait d'épargner à la colonne le feu du canon venant de loin, et très-meurtrier pour une telle masse (1), s'il est possible de former la colonne au moment décisif même : voilà ce qu'on ne peut décider. Tant qu'un feu qui enfile la colonne peut lui faire sentir l'effet des boulets qui percent depuis la tête jusqu'à la queue, on ne doit pas penser à la former. Il s'ensuit que sa formation pour percer l'ennemi ne peut être regardée que comme une exception à la règle.

Guibert veut bien nous dépeindre d'une manière pittoresque comment les colonnes se sont quelquefois formées par des accidens. C'est de cette manière que se forma celle de Fontenoi. Les Anglais ont trouvé apparemment leur compte à laisser établir cette opinion, et les Français n'ont pas voulu les contredire. Une ligne qui s'avançait souffrit beaucoup aux deux ailes qui se recourbaient en arrière, pendant que

______

(1) M. de Tempelhoff décrit, dans le second volume de l'*Histoire de la Guerre de sept ans*, l'effet que font les boulets sur une grande masse, et allègue qu'à la bataille de Zorndorf un seul boulet avait tué quarante-deux hommes. Une colonne exposée au feu du canon doit donc se fondre, si elle n'aime pas mieux se retirer.

le centre marchait droit en avant: C'est de cette manière que se forma une masse informe à laquelle tout le monde se rattacha, après avoir repris son intrépidité naturelle. Cette masse, qui fondit sur l'ennemi, n'était rien moins que préméditée, et ne décida l'affaire que par accident.

La même chose a dû avoir lieu dans les dernières guerres, d'après la déposition de témoins irrécusables. Le pont de Lodi, trop étroit pour que les troupes pussent se déployer, ne pouvait être attaqué qu'en colonne. Ceux qui étaient les plus vaillans se trouvèrent à la tête, les autres les suivirent. Un officier Français s'exprimait un jour d'une manière aussi énergique que naïve sur la manie des colonnes. Il dit : « C'est que les braves vont en avant, et les j....f......restent en arrière. » Voilà l'origine de toutes les prétendues *colonnes* formées en présence de l'ennemi. En temps de paix, elles sont bonnes pour exercer l'infanterie de ligne et pour l'accoutumer à rester serrée ; ce qui est sans contredit une chose utile, et qui peut conduire à la victoire.

La tactique de l'infanterie doit s'étudier à rendre son feu, qui fait sa force, très-actif et le plus efficace possible. Nous avons déjà fait mention du feu en rang serré et de la probabilité de ses effets ; nous devons ajouter ici quelques réflexions sur les différentes manières de charger, soit un à un, soit par bataillon.

Le général de Schornhorst, après avoir examiné la question, pose en principe qu'un feu particulier ou qu'un feu de bataille produit très-peu d'effet, et que le feu par bataillon en produit un très-grand, quand l'infanterie combat contre l'infanterie ; mais en chargeant contre la cavalerie, il prétend que deux pelotons qui se trouvent l'un auprès de l'autre doivent se seconder réciproquement. Pour les autres manières de charger par de plus grandes ou de plus petites masses, il les rejette avec raison, excepté, dans quelques cas, tel que le feu d'un demi-bataillon.

La masse des coups est sans doute décisive ; cependant il est difficile d'éviter le feu de bataille, parce que chaque individu croit devoir, par un sentiment naturel, se défendre de son mieux. Ainsi, sans pouvoir trouver de moyens efficaces pour arrêter ce feu, il faut en chercher pour l'atténuer ; c'est à quoi les événemens peuvent servir plus que la réflexion, sans toutefois faire négliger de faire quelques dispositions de longue main. Ces dispositions consistent dans l'établissement d'une discipline sévère, et en favorisant une tactique machinale pour l'infanterie de ligne. Cette discipline est analogue au caractère guerrier qui seul sait braver le danger, sans jamais cesser de faire attention au commandement : la tactique machinale donne l'habitude de l'ordre ; et toutes les deux peuvent en faire un besoin.

Les conséquences qu'on peut en inférer sont faciles et découlent d'elles-mêmes, en indiquant la nécessité de les protéger l'une et l'autre. L'infanterie la mieux disciplinée, et dans laquelle l'ordre est le plus passé en habitude, est celle qui tiendra et plus ferme et plus long-temps. Elle chargera en masse pendant que l'ennemi cherchera son salut dans le feu de bataille ; elle sera plus facilement remise en ordre et conservera sa supériorité jusqu'à la fin. Il ne paraît pas hors de propos de faire cette remarque.

Au reste, cet ordre est nécessaire à tous les mouvemens qui se font en ligne, et principalement en faisant feu, pour s'en servir à une distance convenable, et alors, s'il est possible, en masse. La distance est d'une grande importance : je suppose la connaissance des règles d'après lesquelles doit se conduire un bataillon, soit à l'attaque, soit à la défense, ainsi que contre chaque espèce de troupes ; c'est ce que traite à fond le Manuel de Scharnhosrt. Il est donc bon d'avoir le coup d'œil juste pour apprécier les distances et savoir tirer parti des accidens du terrain.

Le combat le plus meurtrier est celui de la baïonnette : ce qui décide l'affaire dans cette occasion, c'est l'ordre et la valeur, et puis la masse de la bravoure personnelle ; pourvu d'ailleurs que le nombre des combattans soit proportionnellement égal, ou que celui qui se trouve d'un côté ne l'emporte pas sur l'autre par une supériorité quelconque. On ne peut pas donner d'autres régles pour ces momens décisifs, sinon que les qualités personnelles dont nous avons parlé, doivent faire pencher la balance en faveur de ceux qui en sont doués.

b. *Evolutions de la cavalerie.*

La méthode de se ranger sur deux rangs est la meilleure pour toute espèce de cavalerie.

La force d'un escadron ne paraît pas devoir être au-dessous de cent, et pas au-dessus de cent soixante chevaux.

Entre chaque escadron il faut un intervalle. Cependant il peut y avoir des cas où l'attaque en muraille est à préférer : c'est l'affaire du jugement.

Enfin il est encore nécessaire qu'indépendamment du chef d'escadron, chaque peloton soit conduit par un officier, et que dans un escadron leur nombre soit au moins de cinq, et au plus de six. Il est à propos de placer les officiers devant le front, parce qu'ils doivent donner l'exemple au soldat.

Quant à l'alignement, tout ce que nous en avons dit en parlant de l'infanterie trouve ici son application. L'alignement à droite est le meilleur en ligne. En général, la tactique de la cavalerie doit être simplifiée autant que possible. Tout ce qui est trop compliqué, y convient encore moins qu'à l'infanterie.

C'est pourquoi il faut tourner toujours à quatre et jamais à trois chevaux. Car à quatre la division en nombre pair est toujours possible; en trois elle ne l'est pas, si par exemple il fallait rompre à deux. La raison que trois chevaux sont aussi longs que larges ne signifie rien; car il y aurait toujours de petits intervalles en tournant à trois, et le compassement scrupuleux ne vaut rien dans la pratique.

Les mouvemens de la cavalerie ont en beaucoup de cas une grande ressemblance avec ceux de l'infanterie, excepté qu'ils sont plus simples et qu'ils doivent l'être. *La loi fondamentale est le plus grand ordre combiné avec la plus grande célérité.* Il s'ensuit que tous les deux doivent être maintenus en équilibre, et que l'un ne prenne pas une prépondérance sur l'autre.

Cette loi peut s'appliquer à toute sorte de formations de ligne, et de déployemens, qui doivent toujours être adaptés aux situations dans lesquelles on se trouve.

A l'attaque de la cavalerie contre de la cavalerie, l'ordre de bataille en escadrons avec intervalles paraît le meilleur. S'il y a une seconde ligne, elle doit venir au secours de ceux qui ont percé l'ennemi, ou elle doit couvrir la retraite de la première ligne.

Contre de l'infanterie l'attaque en échelons est préférable. Mais si l'infanterie, avant l'attaque, se met en désordre ou qu'elle marque une tenue chancelante, on pourrait avec avantage l'attaquer en muraille. L'infanterie, comme on le sait, doit être attaquée dans les flancs, si cela est possible. Un carré doit être assailli aux angles. La cavalerie se forme d'abord en échelons, en suivant après en colonne le premier de ses échelons. La proportion des distances dans lesquelles le trot, le galop et la dernière charge doivent avoir lieu, est connue. Le dernier choc doit se faire avec la plus grande impétuosité , et la cavalerie doit se convaincre qu'avec ce choc elle est invincible. Plus cette conviction est intime , plus l'effet du choc sera violent, et aura de suites avantageuses.

B. *La tactique supérieure.*

Cette tactique comprend la connaissance des élémens et l'emploi des armées, soit dans leur emplacement, soit dans leurs mouvemens. Voici quelques observations sur ces deux objets.

Une armée est composée de troupes de ligne et de troupes légères , consistant toutes les deux en infanterie, cavalerie et artillerie.

L'idée qui sert de base à la formation de ces différentes troupes , et qui appartient proprement à la tactique supérieure , a déjà été indiquée dans la première section de la première partie.

Indépendamment de cette idée, il nous reste à dire quelques mots sur la proportion de la force que doit avoir chaque espèce de troupes, matière que jusqu'à présent l'on n'a pas encore traitée d'une manière satisfaisante. Pour ce qui regarde l'artillerie , le général Lespinasse pose en principe, qu'il faut sur mille hommes une pièce d'artillerie ; et il est à désirer que cette proportion, favorable à la mobilité des armées, et qui suppose l'emploi ingénieux de l'artillerie, soit admise. Quant à la cavalerie, on a cru jusqu'ici son nombre assez considérable quand elle est avec l'infanterie dans la proportion d'un à quatre ; et communément la cavalerie est beaucoup moins nombreuse.

Quoi qu'il en soit, tout ceci pourrait paraître une spéculation assez frivole, s'il n'importait pas de savoir qu'elle doit être en général la proportion des corps envoyés en détachement, et celle qui doit entrer dans la composition de l'ordre de bataille, etc., pour avoir au moins une échelle d'après laquelle on puisse se diriger. Pour cet effet, la proportion d'un à cinq peut suffire, à l'ordinaire ; pourvu qu'on ait égard à la nature du terrain sur le théâtre de la guerre.

En outre, la proportion entre les troupes légères et celles de ligne a beaucoup varié de nos jours. Nous ne voulons pas décider si ce changement peut-être regardé comme un progrès de l'art ou comme un pas rétrograde de la tactique supérieure. On serait presque tenté de croire à la rétrogradation, quand on vient à considérer que les armées des peuplades sauvages ne sont composées que de troupes légères,

si l'on ne savait d'ailleurs que partout les extrêmes se touchent, et que parfois l'idée la plus
simple est aussi la plus sublime. Cependant on
ne peut disconvenir que le combat à la débandade ne suppose une plus grande perfection des
qualités personnelles que le combat en masses,
que l'on peut diriger plus facilement à volonté.

On convient en général que l'organisation
de masses, faite avec art, ne peut être que
difficilement mise d'accord avec celle des troupes qui doivent se débander ; puisque la force
manouvrière des troupes de ligne ne repose que
sur l'organisation des masses, et celle des troupes
légères que sur la composition et le perfectionnement de chaque individu. Or, l'art de faire dans
la guerre usage des masses étant décisif, il
ne paraît pas être avantageux pour cet art que
ces masses soient parcellées.

Cependant cette question ne peut être decidée
qu'après des expériences réitérées et faites par
un grand capitaine qui aura subi successivement
les chances de la bonne et de la mauvaise fortune, et qui n'aura eu à sa disposition que des
forces proportionnellement médiocres à opposer
à celles de son ennemi. Cet alors qu'on pourra
savoir et dire que le dix-neuvième siècle a fait,

dans ce genre de tactique, des pas en avant,
ou en arrière. Jusque-là il serait téméraire de
prononcer une opinion contraire à celle qui
s'est établie depuis quelque temps, surtout en
considérant les grands exemples qui paraissent
appuyer celle-ci.

Une branche importante de l'organisation des
armées est l'entretien de la solde, des subsistances, des fourages, des hôpitaux, des recrues,
en chevaux, en armes, etc. etc. Tout cela n'appartient pas immédiatement, il est vrai, à la
tactique supérieure ; mais tout cela en fait partie. Et il serait bien impossible de faire le plan
d'une campagne, et même celui d'une opération
militaire, sans s'occuper, par exemple, des subsistances de ceux qui en seront chargés. Il est
donc nécessaire d'ajouter à la tactique supérieure
un chapitre particulier sous la dénomination de
la *science des subsistances*, dans lequel on devra
traiter des différens systèmes à suivre pour l'entretien d'une armée. Les hôpitaux exigent une
attention particulière, et tout ce qu'on peut attendre des efforts de l'humanité.

On perd beaucoup moins de monde à la
guerre par le fait des armes, que par celui des
maladies. Et s'il est vrai que, malgré tous les
soins qu'on donne aux malades, il soit difficile

de se prémunir contre tous les effets de la fatigue et des maladies, il s'ensuit que le plan d'action d'une campagne doit être principalement combiné pour son ouverture, c'est-à-dire, pour le temps où les troupes pleines de vigueur et de santé sont aussi pleines d'ardeur et d'activité. Et comme à présent les campagnes d'hiver sont plus fréquentes que jamais, il faut aussi des efforts redoublés pour l'entretien et la conservation des troupes ; ce qui exige une économie particulière combinée avec les opérations d'hiver, afin de pouvoir reparaître au printemps suivant avec des renforts proportionnels et des troupes fraîches et vigoureuses. Il n'est donc pas au-dessous de la tactique supérieure de s'occuper de ces soins, et de veiller aux subsistances, aux hôpitaux, aux recrues, en un mot à tout ce qui peut entretenir la vigueur du soldat et la confiance d'une armée ; car aucune partie de la science de la guerre ne peut aller toute seule. On commettrait de même une grande erreur, si l'on voulait déterminer d'une manière absolument abstraite l'influence de l'une, sans avoir égard à l'autre.

L'emploi d'une armée, pris dans le sens le plus étendu, se réduit à des mouvemens et à des positions, soit dans l'inaction, soit dans l'action contre l'ennemi. Il n'est ni possible ní raisonnable d'épuiser cette matière ; il suffit de faire remarquer cé qu'il y a de plus essentiel dans l'une et l'autre supposition. Les marches et les positions prises dans l'acception de la tactique supérieure devant être regardées comme inséparables, nous ne les séparerons pas dans nos études ni dans nos observations.

Le plan de campagne et celui des opérations étant achevé, d'après les principes directeurs dont nous avons indiqué la nécessité, il faut tracer la ligne d'opérations d'après, et sur laquelle l'armée doit se mettre en mouvement; il faut de plus déterminer la manière du premier déployement stratégique. La tactique supérieure fournit les règles d'après lesquelles ces mouvemens doivent être exécutés ; et comment il faut, selon la force de chaque arme, former une armée dans toutes ses parties.

La tactique supérieure pose en principe la méthode de réunir les troupes, en les retirant de leurs garnisons de paix, pour les f ire marcher au rendez-vous général. Nous observons à cette occasion que la disposition géographique de ces garnisons doit avoir une grande influence sur le rassemblement d'une armée. Si on connaît d'avance les contrées où elle pourra se rassembler et le temps dont elle aura besoin pour s'y réunir, il importe d'avoir égard aux règles de la tactique sur la proportion établie entre les différentes armes.

Le premier déployement se fait par l'armée principale et les corps détachés, selon les occurences.

La situation où l'armée entière se trouve alors doit la mettre à portée de se mouvoir avec précision et avec ordre. Pour cet effet, il sera nécessaire de considérer non-seulement la localité de ses cantonnemens ou camps primitifs, mais encore l'ordre de bataille adopté, soit en général, soit en particulier, pour chaque corps collatéral.

L'ordre de bataille est double, comme l'a déjà observé M. de Guibert. D'abord, il sert de règle d'après laquelle l'armée entière est divisée en corps de bataille, en corps détachés ou envoyés comme partis, en ailes et en réserves, en indiquant le tableau, suivant lequel les troupes doivent en général être rangées. En second lieu, on peut le regarder comme une disposition immédiatement adaptée aux circonstances et au terrain : c'est le terrain qui assigne (eu égard aux localités) l'emplacement à chaque division et à chaque espèce de troupes et d'armes.

La première méthode contient une disposition générale, tellement conçue que l'on puisse facilement en faire une application particulière. Il est de principe que toutes les armes doivent se prêter un secours réciproque.

Pour se conformer à cette idée, l'ordre de bataille général doit être aussi simple que possible, et ne contenir selon un certain ordre que les germes d'une application éventuelle.

Quand une armée forte de plusieurs cent mille hommes entre en campagne, elle ne peut sans doute être considérée comme une seule armée, la masse étant trop grande. Il faudra donc la diviser en plusieurs parties principales ou en armées partielles. Chacune de ces armées doit contenir un mélange proportionnel de toutes armes, lesquelles seront réparties en divisions et en brigades. Pour déterminer ce mélange d'une manière générale, mais nullement permanente, il faut que toutes espèces et sortes de troupes restent, chacune séparément, réunies en une seule masse, dont il ne sera détaché pour les autres espèces, qu'autant que la nécessité l'exigera. Les troupes légères doivent donc être considérées comme un corps entier, qui forme autour de l'armée une palissade contre l'ennemi, et duquel les divisions de la ligne de l'armée

peuvent au besoin tirer ce qui leur sera nécessaire. De même le noyau de l'armée , c'est-à-dire,
les troupes de ligne, et sous ce nom sont comprises l'infanterie et la cavalerie chacune pour
soi, doit préalablement être regardé comme
formant un tout. Mais , pour être à l'abri du
besoin, il faut qu'aux parties de la masse principale, ou de l'infanterie, on incorpore, dans
une juste proportion, une petite partie de
cavalerie. Cependant la nature du pays où
l'on fait la guerre décide si cet arrangement
peut avoir lieu dans toutes les divisions ou
seulement dans la majeure partie de l'infanterie.
La réunion de l'artillerie aux autres troupes doit
également s'opérer d'après l'observation que
nous venons de faire. C'est par ces raisons que
l'on ne saurait déterminer d'avance , d'une
manière plus précise, si chaque division d'une
armée doit être composée d'un nombre positif
de troupes légères , de troupes de ligne , d'infanterie et de cavalerie ; et encore moins, si ce
partage doit rester le même durant toute la
campagne. Le principe que toutes les armes
doivent se prêter mutuellement des secours ,
ne veut pas dire non plus qu'elles doivent être
mêlées en parties égales, mais seulement de
manière à rendre ce secours le plus prompt pos-

sible. Et ce n'est que jusqu'ici que s'étend l'influence de l'ordre de bataille primitif.

Conformément à ces suppositions préliminaires, il nous sera facile de considérer le second ordre de bataille, lequel ne peut se prêter à la règle générale que suivant les circonstances. On doit lui laisser la liberté de placer les différentes espèces de troupes en avant, en arrière ou de côté ; celle de mélanger leurs parties, et de composer, autant que le besoin le demande, les différentes armes partagées méthodiquement dans l'ordre de bataille général. Si ce partage méthodique consiste dans une avant-garde de troupes légères ou dans des divisions d'infanterie, auxquelles on a joint quelque cavalerie, dans une division d'infanterie de réserve et dans une grande réserve de cavalerie, l'application spéciale de ces données pourra indiquer la manière avec laquelle doit être fait leur véritable emploi, quelle partie en général ou quelle arme en particulier doit être renforcée, et laquelle des autres parties pourrait se passer des forces qui lui avaient été incorporées originairement. Un général expérimenté saura adapter les dispositions générales aux circonstances particulières, et saura se décider en conséquence et avec célérité.

De l'ordre de bataille, une armée passe aux mouvemens. Nous n'avons pas besoin de remarquer que ces mouvemens ou marches sont de la plus haute importance. L'idée d'une marche est du ressort du général; la disposition particulière appartient à la tactique supérieure.

J'avoue que tout ce que nous avons décrit sur les marches ne saurait réduire cet art en principes généraux; ce qui laisse toujours le problème à resoudre pour nous comme pour tout le monde. Pour nous en faire une idée, il ne nous reste qu'à étudier l'histoire des guerres précédentes. Cependant, Messieurs, je vous invite à faire attention aux réflexions suivantes.

On divise, avec raison, les marches en marches de route et en marches-manœuvres. Les premières ont lieu aux rassemblemens d'une armée, ou, en général, lorsqu'on se trouve trop éloigné de l'ennemi pour que les mouvemens puissent se rapporter aux opérations militaires : ces marches de route n'ont d'autre importance que de pouvoir arriver au temps précis à l'endroit que l'on veut atteindre, et de soulager les troupes. Il n'y a donc ici réellement pas de rapport que l'on puisse mettre au nombre des relations supérieures. Mais il en est tout autrement des marches de manœuvre qui doivent être faites dans la proximité de l'ennemi, et qui ont une influence directe sur les opérations : c'est de celle-ci particulièrement que nous voulons parler.

Quand une armée doit faire une marche dans la proximité de l'ennemi, il est évident qu'elle ne peut pas se mettre sur une seule colonne ; ce qui serait peut-être impraticable, à cause de l'étendue des positions. Si cependant une armée voulait suivre un seul chemin, ou se mettre, comme on le dit, sur une seule colonne, la longueur de celle-ci serait démesurée, et quand l'ennemi se présentera pour attaquer la tête, ceux qui se trouvent à la queue ne pourront arriver que quand ceux de la tête seront battus. Il faut donc se servir de plusieurs routes, ou marcher sur plusieurs colonnes : le nombre de ces colonnes ne peut pas être fixé et dépend des circonstances. Comme il n'y a que peu de chemins qui conduisent à la fois d'un endroit à un autre, le nombre des colonnes ne pourra raisonnablement surpasser celui de deux, trois, quatre, après que l'on aura fait jalonner des chemins et des détours artificiels. Les chemins des colonnes doivent de plus être pratiqués de manière qu'elles puissent se prêter un secours réciproque. Il faut, selon ces attributions, qui doivent avoir rapport au terrain, que les différentes armes soient partagées dans les colonnes, ou partiellement, ou en restant indivises.

Enfin l'ordre de la marche doit être relatif aux positions que l'on croit occuper. Il saute aux yeux, sans qu'il soit besoin de le prouver, qu'on peut rencontrer beaucoup d'obstacles dans l'exécution de ce projet, et qu'on peut se voir forcé plus d'une fois de changer son ordre de marche, soit par la nature du terrain, soit par les manœuvres de l'ennemi. Il saute également aux yeux que cette opération exige une grande connaissance du terrain, du pays, des habitans et de l'ennemi.

Quand il s'agit de faire des changemens dans la marche, le choix des moyens est l'affaire d'un génie créateur. Plus est grand l'espace qu'une armée composée de plusieurs corps détachés et d'un corps de bataille doit occuper, dans les positions qui se succèdent les unes aux autres ; plus est court le temps que l'on peut employer à passer des positions qu'on abandonne à celles qu'on veut prendre, plus la difficulté augmentera. La plus grande est celle de cacher ses mouvemens à l'ennemi : ici s'évanouissent pour un général toutes les règles de la tactique. La même chose a lieu quand il s'agit de tourner l'ennemi ou d'en être tourné, où celui qui doit l'être peut souvent retirer les plus grands avantages par une sage résolution prise à propos.

Au reste, toutes les marches sont dirigées ou en avant, ou de côté, ou parallèlement, ou, enfin, en arrière de l'ennemi. Chacune de ces hypothèses a ses différences et ses règles, que nous supposons connues, et qu'il n'entre pas dans notre plan d'exposer. Tout ce que nous devons dire, c'est que dans tous les cas où un combat est possible, l'armée doit être en état de se former promptement en corps de bataille, parce qu'il n'y a rien de plus désavantageux que d'être surpris par l'ennemi quand on est en pleine marche.

Aux mouvemens succèdent les positions, dont nous avons dit quelques mots en parlant de leur valeur relative, comme chaînons, ou démarches faites sur la grande chaîne des opérations. C'est d'après ces rapports que le choix de ces positions doit être fait.

Il y a des positions que l'on ne peut regarder que comme des endroits choisis simplement pour se reposer, après avoir fait des mouvemens composés de plusieurs marches, et où une armée ne veut s'arrêter tout au plus que quelques jours : on appelle ces positions camps ou bivouacs de marche. Il y en a d'autres qui, soit à l'attaque ou à la défense, ont des rapports à un champ de bataille situé en avant ou de côté : il y a des positions d'où l'on veut observer l'ennemi; d'autres que l'on cherche à atteindre pour couper les communications de l'ennemi; d'autres qui servent à couvrir une ou plusieurs places menacées par l'ennemi; d'autres qui peuvent couvrir toute une province, c'est-à-dire, tellement choisies, que l'ennemi ne saurait les laisser derrière ou de côté sans courir évidemment de grands risques, et d'où l'on peut le prévenir, de quelque côté qu'il vienne; d'autres où l'on veut attendre l'attaque de pied ferme; d'autres qui servent de dernier refuge en cas d'événement malheureux : il y a des positions intermédiaires, pour gagner du temps, quand on songe à se retirer; des positions prises pour faire déployer l'armée quand on veut attaquer; des positions pour poursuivre la victoire, etc., etc....

Il serait superflu de donner plus d'étendue à ce dénombrement; car il suffit de démontrer que ce qu'il y a de plus essentiel à l'égard de toutes les positions, c'est la relation qu'elles doivent avoir avec une bataille éventuelle; c'est à cette relation que doit être adapté le terrain où une armée se trouve, en favorisant l'emploi immédiat des différentes armes. Les ailes doivent être appuyées; le

front doit être découvert ou de difficile abord,
selon que l'exigent les conjonctures ; ce qui s'entend de soi-même sans avoir besoin d'être discuté.
Frédéric II dit : « Un camp est comme un vête-
« ment ; il ne doit être ni trop large ni trop étroit
« pour celui qui le porte. Cependant, s'il faut
« choisir, il vaut mieux avoir du monde de reste
« qu'on ne peut placer, que d'en avoir trop peu.
« Il est d'autres camps qui couvrent une partie du
« terrain, mais qui deviennent défectueux, si
« l'ennemi par ses mouvemens change de di-
« rection ; par exemple, le camp de Landshut,
« tout admirable qu'il est pour couvrir la basse
« Silésie, devient mauvais et de défense nulle,
« aussitôt que les impériaux tiennent Glatz et
« Wartha, parce qu'ils le tournent tout-à-fait.
« Dans des cas semblables, le jugement doit
« dicter le parti qu'il faut prendre ; il doit em-
« pêcher surtout que l'imitation ne devienne
« servile, et par cela même mauvaise. Pourquoi ?
« parce que deux hommes ne se trouvent jamais
« dans une situation tout-à-fait semblable. Il y
« aura quelque chose de comparable dans leurs
« positions, je le veux ; mais examinez-les bien,
« ces positions, vous trouverez des variétés in-
« finies dans le détail, parce que la nature,
« féconde en tout sens, ne fait pas les mêmes

« physionomies, et ne répète pas les mêmes
« événemens (1). » Enfin, il faut encore observer que les positions doivent être pour les troupes
aussi commodes que possible, en couvrant les
communications principales de l'armée avec ses
dépôts et avec d'autres objets importans, sans
qu'il soit nécessaire de faire pour cet effet des
détachemens extraordinaires.

Une armée ne peut ni se mouvoir, ni se placer,
lorsqu'elle est réunie en une seule masse. C'est
pour cela qu'ordinairement on doit avoir recours
à la méthode de diviser une armée en divisions et
sous-divisions, au moyen desquelles elle puisse occuper une contrée. Tout cet espace renferme une
position dans le sens de la tactique supérieure : les
bornes de cette étendue ne sauraient être fixées,
étant relatives à la nature du pays, à la force de
l'ennemi et à celle de l'armée elle-même. Ceux
qui sont versés dans l'art de la guerre ont sur
cette matière tant d'opinions différentes, que ce
qui semble aux uns le *maximum* de la concentration, est regardé par les autres comme
une extension démesurée. La raison en est que
les lois d'après lesquelles une armée doit occuper une étendue quelconque de terrain sont

---

(1) Voyez *Histoire de mon temps*, tome III, dans
l'avant-propos.

vagues au suprême degré, et se trouvent hors
du ressort de la tactique supérieure. Celle-ci
n'enseigne que la manière de ranger et de faire
mouvoir les troupes dans un cas et sur un
terrain donnés : mais elle ne dit pas combien,
dans tous les cas, les corps d'une armée doivent
être éloignés les uns des autres, parce que cela
dépend des circonstances que nous avons indiquées. Il faut donc que cette affaire soit remise à la décision d'un talent supérieur aux
règles communes. L'on pourrait dire que l'éloignement des corps d'armée dépend de la possibilité de se porter un secours réciproque; mais
cette règle, qui n'est que trop précaire, ne saurait résoudre le problème.

Il est cependant une extension trop grande
qui saute aux yeux; c'est quand elle se trouve
sous tous les rapports disproportionnée aux
forces d'une armée. Cette extension peut être
appelée cordon, en ce qu'elle ressemble beaucoup à la manière d'observer les frontières pour
garantir un pays de maladies contagieuses. La
tendance à imiter ces cordons est, à dire vrai,
beaucoup trop grande, et paraît avoir été sug-
gérée par une autre tendance, d'après laquelle on
applique avec une sorte de complaisance, dans
un sens trop étendu, les lois de la fortification,

de la connaissance du terrain, et celles de la tactique supérieure, à l'art de commander une armée. Il en est résulté un faux système, que l'on peut appeler, à juste titre, *système de cordon*. La preuve de son existence est que beaucoup de militaires le combattent sans cesse, tout en retombant dans ses acceptions périlleuses.

La nécessité où l'on se trouve d'occuper, par des corps séparés, une étendue considérable, fournit souvent l'occasion dangereuse de commettre la même faute. Il reste donc prouvé que l'on doit laisser aux talens supérieurs du général le soin des mesures d'après lesquelles ces corps détachés doivent être portés, soit sur les communications de l'ennemi, soit sur d'autres objets de ses opérations. Cependant, ce qu'en dit le roi Frédéric II est certain : « Que l'art de « faire des détachemens est toujours une chose « si difficile, que l'on ne devrait jamais en faire « usage que pour des raisons assez importantes, « et ne les employer qu'à propos. C'est une an- « cienne maxime, ajoute-t-il, que celui qui par- « tage ses forces est battu partiellement. Voulez- « vous attaquer? tâchez de réunir vos forces; car « jamais on ne peut en faire un meilleur usage (1). »

____

(1) Voyez *Œuvres de Frédéric II*, publiées du vivant de l'auteur, tome III.

Quand on fait une guerre offensive, dit ce grand roi, l'on ne doit jamais faire de détachemens.

Le succès d'une campagne, et souvent celui de toute la guerre, dépend d'une bataille, pour laquelle toutes les forces de l'armée ont été concentrées. Il est bien important de savoir quelle doit être la direction dans laquelle une attaque pourra se faire ou la retraite s'opérer, pour éviter un désavantage décisif ou remporter un avantage complet. C'est d'après ces réflexions que se règle le déployement, auquel tous les préceptes de la science du terrain et de la tactique supérieure peuvent se rapporter. On peut se ranger parallèlement à l'ennemi, ou prendre un alignement oblique, dont l'attaque en échelons nous a donné le type, et dont elle dérive. Au reste, la tactique supérieure enseignant à apprécier les avantages de cet ordre de bataille, je dois me référer à l'étude de cette science.

Une bataille donne lieu à différens mouvemens : ces mouvemens sont en partie les résultats de la disposition primitive, en partie la décision des événemens du moment, pourvu que le général sache en tirer parti, selon le plan qu'il avait conçu. On ne peut rien dire à ce sujet, sinon que les règles sont faciles à donner, mais que leur application est difficile. Gibbon a bien raison de dire : « Que les batailles gagnées « d'après les préceptes de la tactique sont « aussi rares que les poëmes épiques faits à « l'aide de règles de la critique (1). »

Nous avons vu, dans la seconde section de la première partie, combien les talens d'un général en chef ont d'influence dans toutes les grandes occasions ; nous savons que l'on ne peut assujettir à des formes et à des règles , ni tout ce qui est inattendu , ni toutes les démarches par lesquelles on peut prévenir l'ennemi d'une manière active ; nous comprenons que les événemens extraordinaires sont diamétralement opposés à l'esprit de système ; nous voyons qu'aucun caractère dans le monde ne se prononce d'une manière plus distincte et qui entraine plus de conséquences que celui d'un capitaine à la tête d'une armée : d'après cela qui osera composer, de tout ce que nous avons dit jusqu'à présent, une science qui enseigne comment il faut faire

----

(1) Gibbon, *De la Décadence et de la Chute de l'Empire romain.*

la guerre !... Si cela ne paraît pas une entreprise téméraire, certes, il n'y en a jamais eu sur la terre. Cette puissance motrice qui préside aux événemens de la guerre, et qui en décide les succès; cette faculté qui brave la fortune et le hasard, en même temps qu'elle les sait maîtriser; ce génie supérieur qui, au milieu des revers, sait s'emparer d'un moment favorable, et qui finit par mettre tous les obstacles à ses pieds: voilà ce qui ne s'apprend pas; voilà ce que la science ne donnera jamais; et voilà cependant ce qu'il y a de plus désirable, et ce qui, au défaut du dieu de la guerre, décide du sort des empires. La guerre est un art et non pas une science, mais un art dans lequel, comme dans tous les autres, ce qu'il y a de plus difficile vient d'inspiration, et ne peut s'enseigner.

Cet art a sa partie mécanique, que nous avons déjà prise en considération. La connaissance de cette partie peut avoir une grande influence dans les affaires, il est vrai; mais elle ne peut pas les décider: cette décision doit émaner des généraux en chef, à raison de leurs talens respectifs. La différence de ce rapport, comparé à celui où se sont trouvés les capitaines d'un temps plus reculé, peut toujours être assez grande, parce qu'enfin toutes ces proportions ne peuvent être établies que dans un sens relatif (1).

Ce qu'il y a de plus relevé dans cette partie mécanique, c'est la tactique supérieure; mais quelque éminente qu'on la suppose, ses combinaisons resteront toujours au-dessous des conceptions du génie. Elle indique bien les règles de l'ordre de bataille, d'après lequel une armée doit se ranger et se mettre en mouvement; elle désigne le temps nécessaire pour franchir un espace : mais elle ne donne pas les moyens dont peut se servir la pénétration pour combiner ou faire naître les circonstances favorables. La tactique supérieure suppose une ligne d'opérations sur laquelle les troupes doivent se placer et se

---

(1) L'auteur veut énoncer ici, sans faire de grandes périphrases, que les talens de deux généraux en chef qui se trouvent l'un vis-à-vis de l'autre, sont réputés être dans un certain rapport, qui doit avoir une influence décisive..... De plus, que les talens réciproques de deux capitaines qui se sont combattus dans un temps plus reculé, peuvent avoir été beaucoup plus grands que les talens de ceux qui se sont trouvés plus tard à la tête des armées, et que, pour cet effet, l'on ne peut pas toujours placer les succès de la postérité au-dessus de ceux d'un temps antérieur. Cette idée est empruntée de celle que l'on se forme des rapports et des proportions.

mouvoir. Mais la nature de cette ligne (1) ne peut jamais être réduite en règle; elle est dans la tête du général, et tout ce qu'on en peut dire ne peut servir aux grands capitaines.

Quant à l'emploi du temps et de l'espace, la tactique supérieure n'enseigne rien sur l'emploi du moment qui doit décider de la durée d'une opération; rien sur l'art de faire des détachemens; rien sur la faculté de maîtriser le hasard durant un combat : en un mot elle est limitée, tandis que l'art du capitaine ne l'est pas.

Si l'on voulait donc enseigner tout ce qui est au-dessus de la tactique supérieure et des autres sciences secondaires, autant vaudrait entreprendre d'enseigner l'art des grands capitaines ; et l'on ferait une sottise, qui n'aurait pas même la bonne volonté pour excuse.

Je crains bien, en exprimant aussi franchement mon opinion de heurter celle des écri-

---

(1) L'auteur de l'ouvrage allemand qui a pour titre, *Considérations sur l'Art de la Guerre*, par feu M. de Berenhorst, dit avec raison, au sujet des plans d'opérations : « Les plans les mieux conçus ont un côté faible, que « l'issue couvre ou découvre, et les plans les plus ab- « surdes ne manquent pas d'une anse à laquelle la for- « tune peut trouver à s'accrocher. »

vains qui, dans ces derniers temps, ont essayé de créer une science nouvelle sous le nom de *Stratégie*.

Ce mot et tous ses dérivés nous viennent du grec : il signifie science du commandement. *Strategos*, général; *strategeo*, je commande; *stratagema*, ruse de guerre; *strateio*, je fais la guerre. Il suit de cette étymologie, que la *stratégie* est une science qui ne concerne que la personne du général en chef, c'est-à-dire une science dont les règles sont toujours incertaines. Car vouloir enseigner à quelqu'un, de maîtriser les événemens et de saisir l'a-propos, c'est comme si l'on voulait lui donner le génie et les talens d'un grand capitaine.

Observons que dans la guerre il n'y a rien de certain; la cause finale se trouve dans les accessoires et dans les effets secondaires, qu'aucun mortel ne peut avoir en sa puissance. Il y a donc peu de principes généralement applicables à toutes les circonstances, et aucun qui ne dépende en partie des chances de la fortune et en partie des talens du capitaine. On ne peut rien démontrer d'avance et avec une évidence mathématique (1). L'exécution étant assujettie à des

____

(1) J'ai dit, au commencement de cette partie, que

incertitudes, et chaque règle susceptible d'une multitude d'applications et d'exceptions sans nombre; en un mot, *l'art ne pouvant effectuer que fort peu, tandis que l'artiste doit faire beaucoup*, l'on ne saurait déterminer ce qu'il faut mettre sur le compte de la règle.

Il faut risquer beaucoup, pour beaucoup gagner. Le guerrier doit commencer, pour ainsi dire, par se mettre lui-même en toute occasion sur la carte, ne donnant qu'après cela au hasard sa faculté de combiner et fort souvent de deviner : le général en chef doit risquer quelquefois sa réputation, souvent sa vie ; et, à son exemple, tous les autres doivent dans toutes les circonstances payer de leur personne. Si cela se fait avec prudence, si un capitaine sait

---

celui qui doit exécuter un projet doit l'avoir enfanté lui-même. Appliquez cette assertion à la fonction difficile du général en chef, vous la trouverez si vraie, si juste, qu'elle peut se passer de preuves, pourvu qu'on veuille la scruter à fonds. Un capitaine doit pouvoir se donner de bons conseils, et se prêter assistance à lui-même, ou il est perdu. Il se trouve placé comme une intelligence suprême, et doit seul pouvoir se maintenir à cette élévation. Lui suggérer ce qu'il doit faire, est aussi impossible que d'indiquer, du pied d'une tour, le véritable équilibre que doit tenir un couvreur placé sur le faîte.

faire naître un événement inattendu, et en tirer parti ; s'il est inépuisable en ressources pour *battre le fer quand il est chaud*, pour rendre un revers aussi peu nuisible que possible ; s'il est sage dans la résolution, actif dans l'exécution, alors il pourra se flatter de maîtriser la victoire.

Oter au hasard sa force ne signifie pas autre chose qu'être plus prudent et plus habile que son adversaire. Car le plus grand résultat de ces qualités conduit à une supériorité qui, à la longue, doit surmonter les plus grands obstacles. L'exemple de Frédéric II est unique dans ce genre.

Si donc, le sort des armes dépend de telles qualités, l'on peut facilement comprendre combien peu en général la prudence humaine peut fixer les règles d'après lesquelles on doit faire la guerre.

Vouloir inventer un système de commandement n'est donc qu'une prétention de plus. si on veut appeler ce système *stratégie*, on est le maître ; mais j'avoue que je ne suis disposé à donner ce nom qu'à une réunion de qualités nécessaires pour commander une armée. Dans ce cas-là, *étudier la stratégie*, voudra dire, s'approprier ces qualités autant que possible. Car le génie se perfectionne, mais ne s'acquiert pas par l'étude (1).

En général, le militaire qui veut étudier la guerre, se trouve dans un cas semblable à celui d'un capitaine qui entre dans sa carrière. Ce dont il a besoin est une idée claire de la guerre, et la conviction intime de ces vérités.

On ne peut pas disconvenir que la bonté des troupes n'ait une grande influence sur les événemens de la guerre. Il importe sans contredit qu'elles soient braves, manouvrières et d'un esprit droit et loyal : qu'elles aient de bons officiers qui ne soient pas étrangers aux sciences particulières de la guerre, telles que l'artillerie, la tactique, la fortification dans toutes ses parties,

---

(1) Si l'on voulait dire, « nous ne voulons pas enseigner la conduite que doit tenir le général en chef lui-même, mais nous ne voulons donner que des règles sur cette conduite », il est clair que cela ne saurait se faire sans indiquer l'application et les exceptions, et de quelle manière le talent doit y coopérer. Voilà cependant une impossibilité ; les cas où les talens doivent concourir, ne pouvant être épuisés, ni réduits en un système généralement applicable. Ne voudrait-on parler que de la partie mécanique, on n'enseignerait pas la stratégie, mais une chose qui est beaucoup au-dessous d'elle, la tactique supérieure.

la connaissance du terrain, etc. Mais quand une armée réunirait tous ces avantages, soit dans son ensemble, soit dans les individus qui la composent, elle n'est toujours qu'un instrument dont l'emploi est ce qu'il y a de plus important. Tout, jusqu'à l'opinion qui règne dans l'armée, et qui a aussi son influence, émane du général en chef et non des inférieurs. C'est une des plus éminentes qualités d'un capitaine, de donner à son armée une impulsion favorable à ses vues.

En réfléchissant sur le résumé de ces observations, on est presque forcé d'adopter l'opinion d'un grand capitaine, celle du maréchal de Saxe : que la guerre est un art enveloppé dans des nuages et dans l'obscurité, un labyrinthe d'où l'on ne peut que très-difficilement trouver l'issue. Nous pouvons ajouter : malheur à qui pense mesurer ces dédales ! malheur à celui qui se fie à un guide trompeur ! Notre propre réflexion, notre propre jugement, soit pendant la guerre, soit même en l'étudiant, voilà notre grande ressource. Cette étude doit commencer par les parties inférieures des sciences militaires. Elle doit être fondée sur la nature de la guerre ; et toutes les facultés de celui qui s'en occupe doivent y être employées sans quoi une telle étude restera sans fruit. Il y a une philosophie de la guerre, sans laquelle tous les livres qui traitent de cet art ne sont qu'un corps sans ame. Il faut tâcher d'atteindre jusqu'à cette philosophie, sans chercher à s'appuyer sur une guide, que l'on n'a pu trouver jusqu'à nos jours, et qui ne sera jamais découvert.

L'on ne peut pas toujours indiquer la route que doit tenir l'esprit de réflexion de la plupart des individus dans une affaire aussi compliquée que l'est l'étude de la guerre dans ses parties éminentes. Exciter cet esprit, c'est tout ce que l'on peut faire. Celui dont les yeux peuvent s'ouvrir, voit alors par lui-même. Celui dont les yeux restent fermés, ne s'aperçoit jamais de rien, eût-il la meilleure volonté du monde. Il vaut cependant la peine, autant que cela est possible, de proposer le véritable point de vue d'où l'on puisse être à portée de faire cette découverte, surtout pour ceux qui ne font qu'entrer dans cette pénible carrière.

8°. *Géographie.*

Après les ressources scientifiques plus ou moins nécessaires à l'étude de la guerre, dont nous avons parlé jusqu'à présent, il y a encore quelques autres sciences non moins utiles au métier des armes. La première est la géographie, non pas cette géographie militaire qui cherche à s'introduire dans la guerre, ni cette science stérile qui représente l'Europe sous la figure d'une femme assise dans un fauteuil ; mais celle qui, unie à la statistique, enseigne à connaître la force des États, nous présente le tableau du théâtre de la guerre, et dont on ne peut se passer, ni dans l'étude de l'histoire de la guerre, ni dans celle des rapports que la guerre doit avoir avec la politique. Les États, ainsi que les particuliers ne *peuvent* pas toujours faire ce qu'ils *désirent*, parce qu'ils doivent avoir égard aux forces qu'ils ont à leur disposition. C'est leur position géographique et la faiblesse de leurs ressources, qui les empêchent de suivre le cours de leurs premières impulsions. Cette situation des États en général, et celle des théâtres de la guerre en particulier, sont démontrées par une science qui, malgré les vérités simples en apparence qu'elle contient peut conduire à des résultats également importans au politique et au guerrier.

C'est d'après ces considérations que l'on découvre les ressources naturelles d'un pays ; que le nombre, l'établissement et les rapports des places de guerre doivent être fixés , ainsi que ceux des dépôts de toute espèce, les différens moyens d'entretenir les troupes , soit à l'aide de réquisitions , soit par des magasins, etc. , que l'on parvient à connaître les premiers points de rassemblement d'une armée.

De plus , un pays contient des hommes et des objets dont il importe de connaître la situation , la nature , et le parti que le gouvernement a coutume d'en tirer; leur richesse ou leur pauvreté , pour juger de l'emploi qu'on pourrait en faire. Sur tout ceci , nous devons consulter la géographie et la statistique; car on sent qu'il faut prendre d'autres mesures lorsqu'on entre dans un pays peuplé ou dépeuplé, dans un pays fertile ou désert , dans un pays riche ou pauvre.

Les observations que l'on doit faire ne se bornent pas seulement aux relations que peuvent avoir avec les opérations futures , la nature des rivières et leurs rivages, et la connexité des eaux en général ; elles s'étendent à la navigation selon la saison, la grandeur des navires et le temps du trajet ; au progrès des lumières et à l'état de l'agriculture , à la diligence ou à la paresse des habitans, au commerce et à ses relations, au gouvernement ,

à la police, aux mœurs, aux coutumes, etc.
Voilà les renseignemens que nous demandons
à la géographie-statistique.

Qu'ai-je besoin de préconiser la science qui
les fournit ? Vous en sentez l'utilité, comme
moi. Un militaire ne peut se dispenser de s'y
appliquer. Et non-seulement un militaire doit
apprendre la géographie, comme tous les
hommes dont l'éducation est soignée, mais il doit
y chercher et y découvrir les moyens de destruction que sa profession le met dans la malheureuse nécessité d'employer.

II. *L'histoire.*

J'ai dit qu'après les mathématiques l'histoire est une des sciences les plus nécessaires
à la profession des armes. Il est donc nécessaire de vous présenter à ce sujet quelques idées
que je crois dignes de votre attention. Mais je
vous prie de ne le regarder que comme les conséquences de premisses qu'il serait trop long
et peut-être inutile de déduire dans cet ouvrage.

Il y a pour nous deux manières d'envisager
l'histoire. La première n'embrasse que les rapports historiques ; la seconde les considère

dans leur influence sur les événemens de la guerre.

La première manière n'est que la connaissance des faits, abstraction faite de leur liaison avec les événemens militaires. Je suppose la force de pouvoir apprécier les faits philosophiquement (si l'on peut s'exprimer ainsi), et j'y oppose une autre évaluation qui se fait sous des rapports militaires : souvent ces deux manières de voir se trouvent en contradiction. La première sert d'introduction à l'étude de la guerre, que la seconde éclaire de toute sa lumière.

L'histoire nous donne des instructions et des avis importans, elle apprend à connaître les hommes et leurs dispositions sociales. Le temps passé nous fournit une échelle pour mesurer le temps présent; mais les hommes sont assez mal avisés pour tirer rarement parti des expériences qui ont été faites avant eux; et ils en sont punis, puisqu'il n'y a pas de folie qui n'entraîne quelques conséquences fâcheuses.

Quiconque voit passer devant lui les événemens de l'histoire comme des ombres chinoises, sans raisonner ni leurs causes ni leurs effets, manque le but. C'est tout autre chose si, en comparant les événemens passés avec

ceux du temps présent, il cherche à découvrir le motif des actions et le caractère des personnages qui ont joué un rôle sur la scène politique. N'être qu'une chronique vivante, c'est
avoir un petit mérite. Mais savoir pourquoi et,
par quels faits un homme ou un événement ont
eu une grande influence sur leur siècle, c'est
profiter de l'histoire, c'est s'en approprier la
vertu.

L'histoire juge avec une incorruptible équité
les faits et les hommes du temps passé. Elle prononce en dernier ressort sur toutes les pièces
de ce grand procès. Quel que soit l'encens que
les contemporains prodiguent à un homme
exalté par la vanité et par l'ambition, l'histoire
le mettra un jour à sa place; de même qu'elle
ne manquera pas de réintégrer la mémoire d'un
homme dont le mérite aura été méconnu ou
persécuté. Mais qui osera mettre en exécution
ces arrêts terribles?... Ce seront ceux qui auront
su apprécier les événemens selon leur juste valeur, et qui par là se trouvent en état de fonder
l'opinion publique sur la vérité. Cet auguste mi-
nistère exige une grande connaissance de l'enchaînement des faits, une grande science du
cœur humain, et une grande force d'esprit.

Le but principal de l'histoire est de nous

instruire. Mais cette instruction ne peut être puisée dans tous les livres qui traitent de l'histoire, parce qu'il y a fort peu d'historiens qui méritent ce nom. La plupart ne sont que des compilateurs. Les contemporains même des événemens ne sont pas toujours clairvoyans. Celui qui ne peut pas scruter lui-même les secrets de l'histoire, a besoin d'un guide. C'est une chose de première nécessité de s'en pourvoir à temps, pour considérer l'étude de l'histoire sous son véritable point de vue.

Plus on remonte vers l'antiquité, plus l'histoire devient obscure et incertaine. On ne trouve dans ces traditions que peu de faits d'importance pour l'homme qui vit dans les affaires publiques. On ne voit que le torrent destructeur des siècles, et l'on ne s'aperçoit que de l'agrandissement et de la chute des empires. Que de grandes actions perdues dans le vaste océan d'oubli ! que de belles pensées ignorées ! que d'hommes dont la vie pourrait offrir d'illustres exemples de modération dans la prospérité, de patience dans l'adversité, d'héroïsme à la guerre, et dont il ne nous reste plus que les noms !

Les événemens de ces temps éloignés n'ont laissé que des traces imperceptibles ; la faible lueur qu'ils répandent sur le temps présent nous apprend que le même sort est réservé à ceux de nos contemporains qui se flattent vainement que leurs ouvrages et leurs actions ne s'effaceront jamais de la mémoire des hommes.

Il n'y a parmi les découvertes des hommes qu'une seule chose d'impérissable : c'est la vérité. Rien ne peut désormais la faire rentrer dans l'oubli, ni la méchanceté qui cherche à la supprimer, ni l'indifférence qui la néglige. Une vérité une fois prononcée brave l'orgueil des hommes; elle est immortelle, depuis que l'imprimerie peut la multiplier sans cesse. Une vérité, découverte dans le silence des nuits, sera hautement proclamée par la succession des événemens. C'est l'histoire qui nous fournit la preuve de ces considérations qui doivent être regardées comme un de ces points de vue capitaux, d'où l'on doit observer les faits passés. L'on pourrait donc croire que, le nombre des vérités découvertes devant s'augmenter de jour en jour, les progrès que fait l'esprit humain doivent augmenter avec elles et s'étendre insensiblement sur la terre, quelque effort qu'on fasse pour les arrêter dans tel ou tel pays.

Les grandes vérités et l'influence qu'elles exercent sur le progrès des lumières, voilà ce qui détermine la direction que doit prendre l'activité d'esprit d'un siècle. Le génie créateur de ceux qui sont capables de donner une empreinte particulière à cette direction, forme l'esprit de leur temps ; cependant, comme rien dans ce monde ne peut paraître que sous des formes sensibles, le degré et la propriété de la culture que ces guides ont reçus, produit à son tour une réaction sur ce siècle même. La vérité se trouve donc représentée selon l'esprit de son temps, et ne se répand jamais avec pureté ni sans un mélange de quelques idées fausses parmi les hommes. Ces idées accessoires attaquent l'indépendance des meilleures têtes, en les forçant de respecter certains préjugés qui continuent d'asservir les esprits vulgaires. L'esprit du temps, qui avait pris un essor sublime, s'arrête tout à coup, et cesse de mériter la haute considération que se plaisaient à lui témoigner les hommes sages : triste conséquence de l'imperfection de toutes les choses humaines !

Il ne s'ensuit pas que l'on doive contrarier la marche de ce prétendu esprit du temps, mais seulement qu'il ne faut pas s'y assujettir d'une manière servile.

L'histoire nous avertit de l'examiner, de ne jamais nous laisser subjuguer par son autorité, de le guider même, si nous pouvons, au lieu de

nous laisser guider par lui : elle nous montre que
ce n'est pas toujours par une grandeur inacces-
sible qu'on s'élève au-dessus de l'esprit du temps;
et cette instruction, si nous avions la force de
la saisir, deviendrait bien importante pour notre
génération, qui ne connoît d'autre secret que de
s'attacher au génie du siècle. Cependant il se
trouve peut-être encore quelque part des têtes
fortes qui savent bien apprécier ce grand intérêt
de l'humanité, et qui pourront un jour donner
une autre direction à l'esprit du temps : ces têtes
s'élèveront sans nous au-dessus de lui, tandis
que d'autres resteront soumis à son autorité.
Nous n'avons rien à dire aux premières ; nous
osons proposer aux autres le secours de l'histoire.

Ce secours n'est jamais plus efficace que lorsqu'il nous vient des considérations prises dans
le caractère des hommes distingués par leur
grandeur d'ame ou par leur originalité, et dans
les essais qu'ils ont faits pour se détacher de
l'opinion de leurs contemporains; de plus, quand
l'histoire nous montre quelle affinité se trouve
entre les grands caractères de tous les temps, et
quand elle nous fait observer la force d'ame qui
conduit à l'indépendance, et qui se manifeste
par sa propre activité, on apprendra qu'il n'y a.

jamais eu d'action remarquable sans que celui qui l'a faite ait su ce qu'il voulait (1), et sans avoir été déterminé par une volonté ferme et persévérante : on trouve dans l'histoire des exemples d'une telle volonté ; mais il faut les chercher, car ils sont rares et ils ne se présentent pas d'eux-mêmes.

Celui qui s'est accoutumé aux observations que l'histoire nous offre, celui qui comprend jusqu'où peut aller l'empire de la persévérance et de la résolution, celui-là se sent entraîné à l'indépendance des opinions qui ne sont appuyées que sur l'autorité de la multitude ; et, comme il ne rend hommage qu'à la vérité seule, rien ne pourra le satisfaire que la vérité, rien ne lui paraîtra plus méprisable que des opinions

______

(1) L'auteur parle ici d'une action qui a quelque influence sur le salut d'un État. Quant aux entreprises qui ont un but moins déterminé, ou, pour mieux dire, qui embrassent un plan plus vaste ; telles que les projets ambitieux des conquérans, ainsi que tout ce qui regarde le développement successif d'une première démarche faite d'une manière rapide, peut-être forcée, on n'en peut sans doute pas prévoir les suites. Au reste, toute grande action exige que l'on soit d'accord avec soi-même, sans s'inquiéter jusqu'où le destin pourrait nous conduire. Voilà ce que l'auteur a voulu dire.

fausses revêtues des couleurs de la vérité. C'est le fond des choses qu'il veut connaître, et non pas seulement leurs apparences.

L'on peut donc aisément sentir combien les hommes sont à plaindre quand ils croient ne faire de cette vie qu'un spectacle, et n'envisagent le monde que comme un théâtre. Jamais homme véritablement grand n'a pensé de cette manière, et jamais avec cette manière de penser il ne s'est fait d'action assez grande pour être citée avec éloge.

Ce sont ces points capitaux qui rendent l'étude de l'histoire bien précieuse pour le guerrier, parce qu'ils contribuent à le rendre indépendant; qu'ils lui font apprécier les forces morales dont il peut tirer parti, en lui persuadant que c'est de lui-même et de sa propre énergie qu'il doit attendre son plus grand secours.

Personne n'est plus que le militaire dans la nécessité d'agir d'inspiration. Dans les autres conditions, il est permis de faire précéder l'action, d'une longue délibération. A la guerre, il faut que, par l'habitude des promptes déterminations, l'action et la pensée partent ensemble, et aussi promptement que l'éclair et la foudre.

C'est pour en venir à cette conclusion que j'ai cru devoir vous inviter, Messieurs, à prêter votre attention à ce que j'avais à vous dire sur l'histoire en général. Je vais passer à la seconde manière de l'envisager, c'est-à-dire, dans ses rapports purement militaires.

Permettez-moi d'abord de vous dire qu'aucune étude de la guerre n'acquiert d'importance qu'autant qu'elle est précédée de la connaissance de l'histoire militaire. Cette connaissance ressuscite, pour ainsi dire, les événemens, et nous y fait assister comme témoins. Elle nous procure, au milieu de la paix, le spectacle de la guerre autant que cela est possible ; car le guerrier ne peut véritablement se former que par la guerre. Elle nous fait faire des réflexions d'autant plus utiles, que la guerre, ou pour mieux dire, l'art de faire la guerre, ne peut jamais devenir une science réglée. Tous les systèmes qu'on a pu imaginer et qu'on imaginera par la suite, s'écrouleront, faute de base, les uns sur les autres. L'histoire militaire peut être regardée comme notre rudiment, et a au moins cet avantage que, lorsqu'elle sera bien étudiée, elle nous préservera de toute présomption.

S'il était possible de réunir dans un corps de doctrine les principes généraux de la guerre, ce serait l'histoire militaire qui pourrait produire ce chef-d'œuvre. Mais malheureusement c'est cette histoire même qui nous apprend, à n'en pouvoir douter, que tous les principes généraux de la guerre sont assujettis à des interprétations variables, causées par la différence infinie dont leur application est toujours susceptible.

L'histoire militaire apprend donc au guerrier à étudier ce qu'il y de plus essentiel pour lui, c'est-à-dire le caractère de la guerre, pris dans un sens universel, et à ne pas s'arrêter à faire des abstractions sur les événemens particuliers.

Il n'y a pas d'état où l'on sente mieux que dans celui de la guerre, la différence de réfléchir sur une situation, ou de s'y trouver. C'est pourquoi il arrive que la guerre elle-même nous inspire de l'enthousiasme, et que celui qui paraît être un guerrier médiocre pendant la paix, peut devenir un grand capitaine pendant la guerre, et réciproquement. La guerre met les guerriers à leur place. Voilà ce que l'histoire militaire nous apprend d'une manière authentique.

Frédéric II dit avec sa perspicacité ordinaire : « Les faits passés sont bons pour nourir l'ima- « gination et meubler la mémoire. C'est un réper- « toire d'idées qui fournit de la matière que le « jugement doit passer au creuset pour l'é- « purer ». Voilà, Messieurs, la manière dont nous devons considérer l'étude de l'histoire des guerres. Les événemens du temps passé alimentent, pour ainsi dire, l'imagination sans laquelle il est impossible de se les représenter clairement. Près de cette faculté se trouve la force d'inventer, ou de découvrir des choses nouvelles, de créer des événemens et des combinaisons qui n'ont pas encore paru; et l'histoire militaire nous fait voir que les grands capitaines mettaient cette faculté sans cesse en action, et qu'ils passaient de la nature de la chose au cas dont il s'agissait. Cette méditation paraît être issue de la faculté de descendre des réflexions générales aux jugemens particuliers, et non de celle de remonter de ceux-ci aux principes généraux. C'est en suivant cette méthode que l'on peut parvenir à un ensemble dans les idées, pourvu qu'on sache distinctement ce que l'on veut.

De plus, les faits passés sont importans en ce qu'ils nous fournissent des matières qu'une saine réflexion peut épurer. Il n'y a pas de situation dans laquelle une armée puisse se trouver, et encore moins une campagne, qui ressemble entièrement à une autre. Une imitation exacte serait donc chimérique, puisque la règle doit toujours être adaptée au cas dont il s'agit. Cependant l'histoire militaire ne nous enseigne pas

ceci tout seul. Car, s'il y a la plus grande diversité dans les cas particuliers , il se trouve au
contraire une grande uniformité dans la méthode
générale avec laquelle tous les grands capitaines
ont su maîtriser les chances de la guerre. Je
crois cette leçon bien intéressante, et peut-être
la plus importante de toutes celles que l'histoire
des guerres peut nous enseigner.

Si l'on demande par quels moyens les grands
capitaines sont devenus grands? je répondrai
qu'il faut les chercher dans cet ascendant avec
lesquels ils surent régler toutes leurs opérations.

On ajoute qu'ils furent grands par la victoire,
par le talent, par le coup d'œil, par la présence
d'esprit, par la constance, etc.... Mais tout cela
revient à *l'ascendant* dont j'ai parlé plus haut.
Et comme cet ascendant est toujours relatif aux
circonstances, il est clair que les méthodes les
plus différentes les unes des autres peuvent être
mises indifféremment en pratique. Il n'y a qu'une
seule chose qui ne puisse être considérée que
sous un seul rapport; c'est que, relativement
au cas dont il est question, et à l'adversaire
qu'il faut combattre, l'on ne peut se servir que
d'un *expédient radical*.

Si l'on demande en quoi consiste cet expédient je répondrai que c'est celui qui procure

un avantage décisif, en mettant l'ennemi dans le plus grand danger possible. L'on ne peut jamais dans ces cas-là fixer la part du destin ; et voilà où s'arrête la plus haute pénétration ; voilà ce que doit deviner, plutôt que décider le génie prophétique du général en chef. Il y a un tact dans le choix des mesures, qui est au-dessus de toutes les définitions, et qu'on ne peut exprimer par aucune périphrase.

Cependant, comme les idées des grands capitaines ne peuvent être établies que sur des mesures radicales, il faut que leurs projets aient quelque ressemblance les uns avec les autres. Cette ressemblance vient de leur propre manière de considérer la guerre en général, d'après des maximes qui se ressemblent; elle est encore fondée sur la ressemblance qu'il y a entre leur caractère personnel et le véritable caractère de la guerre. Les modifications qui peuvent s'y rencontrer, tirent immédiatement leur origine de la diversité des qualités personnelles. Mais des principes véritablement guerriers, et un pouvoir héroïque sur la volonté, doivent nécessairement conduire à une grande ressemblance entre les idées. Thémistocle, Epaminondas, Annibal, Regulus, Mithridate, César, et tous les grands capitaines de l'antiquité, ont eu par

conséquent avec les grands capitaines des temps
modernes , avec Gustave Adolphe , Turenne ,
Montécuculi , Luxembourg , Condé , Catinat ,
Villars , le maréchal de Saxe , Eugène , Frédéric
II et le prince Henri de Prusse , une grande
ressemblance dans les idées et dans le jugement. Pour prouver ceci , il faudrait comparer leurs actions et leurs plans , chose que
nous ne pouvons pas faire dans cet ouvrage.
Il nous suffit de faire voir que l'étude propre
de l'histoire des guerres nous mettra à portée
de faire ces observations par nous-mêmes.
Cette étude nous fournira de plus la preuve
que les causes de cette ressemblance peuvent
produire des effets semblables ; et voilà le
point capital dont il importe d'avoir connaissance, non pour en déduire les règles qu'un
général d'armée doit suivre , mais pour apprendre à connaître l'esprit de ces règles qui, devant
être considéré comme la production d'un art ,
ne peut être représenté dans le sens abstrait.

C'est de cette manière que l'on peut se
former une idée juste de la guerre, ainsi
que des moyens qui doivent y concourir, quand
on cherche le fil qui doit conduire dans cette
espèce de labyrinthe , et quand on a un pressentiment de ce qui est applicable , et la mé-

thode de s'en servir. Ce pressentiment est sans doute beaucoup au-dessus des règles générales que les soi-disant savans dans l'art de la guerre veulent bien nous donner.

L'histoire militaire nous fournit un second objet de méditation dans les observations que ces savans nous engagent à faire. Ils prétendent trouver une cause finale et suffisante où l'esprit, après l'avoir atteinte, puisse se reposer. Mais ils veulent empiéter sur l'expérience, ce dont on ne peut se convaincre clairement que par l'histoire des guerres. Celle-ci admet également et sans contredit des causes finales ; mais elle apprend à douter quand on veut comparer des faits particuliers; elle conduit au scepticisme, à une sage méfiance de soi-même, à une évaluation philosophique des événemens de la guerre, évaluation qui doit accompagner toutes les réflexions qu'on peut faire à ce sujet. Celui qui n'apprend de l'histoire militaire qu'à trouver toute naturelle la marche des événemens, et d'en prouver la possibilité après le fait, par de grandes démonstrations selon les règles, celui-là peut être comparé aux philosophes du temps passé, qui voulaient rendre raison de tout, et n'ont souvent réussi qu'à tout obscurcir. La philosophie a ses bornes, ainsi que l'étude de la guerre; et ces bornes sont celles de l'esprit humain.

On peut dire des philosophes qu'ils ont trouvé le caractère de la philosophie humaine; mais on ne peut pas prouver, en parlant des écrivains militaires qui ne tirent pas leurs principes de l'histoire de la guerre, comme nous venons de le dire, qu'ils ont trouvé le caractère de la philosophie guerrière. Si cela était, ils écriraient avec plus de circonspection, et ils se seraient convaincus que dans les grandes affaires de la guerre, c'est-à-dire, dans ce qu'ils appellent *stratégie*, il est beaucoup de choses au-dessus de l'art, et qu'on ne peut les trouver que dans les qualités personnelles de celui qui conduit le mécanisme guerrier.

Ainsi, la méditation sur la guerre, alimentée par l'histoire, conduit à la découverte de la limite sus-mentionnée, et nous enseigne à ne pas vouloir faire de la guerre l'unique objet de la réflexion et du raisonnement, mais plutôt à la regarder comme une affaire qui concerne l'ame, dans laquelle la culture des facultés intellectuelles n'est que le moyen, tandis que la force motrice consiste dans le perfectionnement des facultés morales. C'est par celles-ci que se trouvent formés cet esprit de résolution tant vanté, ce calme de l'ame, et cette présence d'esprit, cette assurance et cette résignation pendant l'exécution d'un projet, ainsi que toutes les qualités que nous ne pouvons pas énumérer exactement, mais dont un guerrier a besoin et qui caractérisent les grands capitaines (1).

Au moyen de ces considérations, nous voyons clairement que la pénétration toute seule ne suffit pas, et qu'elle ne peut même être importante que quand elle se trouve appuyée par ces forces motrices, parce que celle-ci nous indique la véritable route pour perfectionner, autant que possible, nos forces intellectuelles. Ces considérations conduisent à la conviction que, pour être un véritable guerrier, l'on doit considérer, d'un point de vue guerrier, et soi-même, et la vie entière et tous ses événemens ; elles nous conduisent à une certaine indifférence héroïque qui, prise dans ce sens, est la mère des

---

(1) Le perfectionnement des facultés morales ne peut pas remplacer le défaut des talens naturels, il est vrai ; mais ces talens peuvent être puissamment relevés par le développement des facultés morales. La présence d'esprit, par exemple, est sans doute un don de la nature ; cependant, l'homme qui est d'accord avec lui-même sera capable d'y faire de plus grands progrès que celui qui ne l'est pas.

grandes actions. Celui qui a de grandes pensées comme militaire, ne regardera pas comme fantastique ce qui est grand dans les événements et dans les actions; il trouvera et doit trouver, que le véritable héroïsme a de tout temps porté les hommes à paraître grands dans toutes leurs affaires, non-seulement par des réflexions, mais surtout par leurs actions ; et cette manière de penser lui paraîtra aussi indispensablement nécessaire que l'air pour respirer, sans qu'il y songe, et sans que, dans cette route, ce qui est grand puisse exciter son étonnement. Admirer les grandes actions, voilà le premier degré de perfection de l'apprenti: s'approprier la manière de penser et d'agir qui y est nécessaire, *voilà* le *but* que nous devons tous nous proposer; et c'est là, Messieurs, celui que l'histoire des guerres peut nous faire atteindre.

Si donc il y a dans cette étude une chose digne de votre attention, c'est, pour ainsi dire, *l'assimilation* de sentimens avec ceux des véritables et des grands guerriers. Sous cette dénomination nous ne comprenons pas seulement les généraux en chef; par ces mots, je veux dire « nourrir l'imagination et meubler la mé- « moire, » et non se contenter de faire des abstractions des règles, d'exercer l'esprit, ou même de surcharger la mémoire.

En voilà assez pour faire voir, sans entrer dans de plus grands détails, quelle doit être la véritable méthode d'étudier l'histoire des guerres. Une seule campagne mémorable, scrutée de cette manière, peut nous être plus utile que les abstractions des règles sèches, faites avec la plus grande pénétration, et tirées de toutes les guerres ensemble.

Pour énoncer mon opinion sur ce sujet, d'une manière encore plus distincte, je finirai cet article par le tableau détaillé d'une de ces campagnes.

On doit s'informer d'abord de la situation, de la distribution et de l'état des deux armées qui se sont combattues, ainsi que du théâtre de la guerre d'après les objets principaux, ce qu'il faut bien retenir. Ensuite il faut faire abstraction de ce qui s'est réellement passé, et supposer qu'on n'a aucune connaissance des résultats. Alors il faut essayer de se mettre à la place du général d'une de ces armées, ou bien à celle d'un général qui commande un détachement, en considérant les mesures que l'on aurait prises pour faire les premières démarches.

Qu'on examine ensuite le véritable plan , et la manière dont il a été mis à exécution. Qu'on suive de jour en jour la marche de toute la campagne , en observant combien ont eu d'influence les rapports sur les mesures de l'ennemi. Instruisez-vous surtout de la manière avec laquelle on avait compassé le temps selon les espaces à parcourir. Observez les causes qui ont donné lieu à faire un projet ou à le changer, et celles qui ont permis de profiter du moment. Tâchez d'approfondir la raison *pourquoi* une résolution a été prise , et quel a dû être le motif qui l'a fait prendre. Que l'on voie comme dans un miroir ce qui doit résulter clairement de ces considérations , afin d'apprendre à connaître le rôle dont on serait capable de s'acquitter dans des circonstances semblables..... Suivez de cette manière chaque jour de la campagne et chaque événement particulier , et essayez de vous approprier la manière de voir d'un grand guerrier.

Les ressources scientifiques dont on a besoin pour faire une telle étude , sont importantes sans doute. C'est donc l'affaire de notre propre industrie de les rechercher , d'en faire le choix et de les mettre en ordre. Les fruits que nous pourrons en tirer seront grands, osons l'espérer, sans nous donner la peine d'entrer dans de plus grandes discussions (1).

(1.) Je vous recommande surtout l'ouvrage suivant : *Versuch junge Officiere zum Studium der Kriegsgeschichte aufzumuntern ;* Tubingen, bey Cotta (Essai pour encourager les jeunes Officiers à l'Étude de l'Histoire de la guerre). Les deux premières campagnes de la guerre de sept ans y sont analysées d'une telle manière, qu'il serait à désirer qu'elle fût généralement adoptée. L'auteur, qui sait suivre le génie du grand Frédéric, a donné en peu de pages ce que les autres *stratéges* n'ont pu produire, malgré leur éloquence et leur prolixité. Le but de cet écrit est d'exciter l'attention du lecteur, moins sur les événemens que sur les causes qui les ont amenés. Si l'on sait bien comprendre cela, ainsi que tout ce que ce livre contient, on le lira avec fruit, et on y trouvera d'amples matières à réflexion. Mais si l'on ne peut pas trouver l'unique et véritable point de vue d'où l'on doit considérer la guerre en général, et que l'on ne sache ni comprendre ni digérer cet écrit, je désire qu'on aille se faire endoctriner par la stratégie la plus moderne, pour apprendre l'art de beaucoup parler et de faire peu de choses.

TROISIÈME PARTIE.

DES QUALITÉS PERSONNELLES D'UN GUERRIER (1).

Dans la première partie de cet ouvrage, vous avez vu quel secours un militaire peut retirer de l'étude des sciences ; et, en même temps, combien l'influence de ces études est faible dans la pratique. Je me propose de parler, dans celle-ci, *des qualités personnelles*, qui seules peuvent donner au militaire son vrai caractère et sa valeur intrinsèque. Mais, avant de parler du

---

(1) Peut-être croit-on pouvoir devenir bon militaire à moins de frais que ne semble l'exiger ce que vous allez lire. Cependant, il ne s'agit pas ici de satisfaire un besoin médiocre, mais d'atteindre à un but plus élevé ; et pour aspirer à ce prix, que l'on devrait au moins avoir devant les yeux, il n'y a d'autre moyen que de se donner beaucoup de peine. Ce n'est pas le savoir qui en décide, c'est la volonté. Faire voir la grande influence de cette force motrice de toutes les facultés d'un guerrier, voilà le motif de cet Ouvrage.

14

guerrier, il convient de rappeler l'idée même de la guerre, afin que vous compreniez plus aisément l'étroite correspondance qui unit l'un à l'autre.

Au reste, nous n'aurons pas besoin de prouver d'une manière particulière qu'un guerrier doit porter sur soi l'empreinte du caractère de la guerre, c'est-à-dire, de cet élément dans lequel il doit agir et vivre. Cela dérive de la nature de la chose : c'est ainsi qu'un philosophe doit être doué d'un caractère philosophique, s'il veut se rendre digne du nom qu'il prend. Il serait donc superflu de prouver qu'un caractère qui n'est pas guerrier, et qui ne peut s'adapter à la guerre, doit être désavantageux et nuisible au guerrier lui-même.

La guerre, Messieurs, est, d'après notre définition, le *dernier* moyen d'un État. Il s'ensuit qu'il faut y employer l'application la plus énergique de toutes les forces, soit générales, soit particulières. Celui qui a embrassé le métier des armes, s'il veut remplir ses devoirs, doit faire tous ses efforts pour mettre en action toutes ses forces physiques, intellectuelles et morales, et cela jusqu'à la dernière extrémité. Mais il n'en viendra pas à bout, si toutes ces facultés n'ont pas été cultivées conformément à un seul et même but.

Il faut pour cet effet prendre de l'empire sur soi-même, s'efforcer de développer toutes les forces sus-mentionnées, de manière qu'elles soient en harmonie et en équilibre entr'elles ; et tout cela suppose l'énergie d'une force majeure et directrice, c'est-à-dire, un caractère prononcé.

Dans la guerre, qui est, d'après notre opinion, le *dernier des moyens*, on veut arracher par la force ce qu'on n'a pu obtenir de bonne volonté. Ces efforts ne sont donc que des moyens préparatoires pour atteindre le but par la force ouverte. Il en résulte que nous devons savoir apprécier nos propres forces, en les mettant en action avec persévérance. Si le guerrier veut s'appliquer à son état, il faut qu'il se connaisse, et qu'il soit accoutumé à se conduire envers lui-même avec austérité. La force de la volonté en est la première condition.

Il faut que nos principales recherches aboutissent à connaître cette force dans son origine, dans ses causes et dans ses effets ; elles doivent finir par nous ramener à sentir combien est grande son influence sur les travaux préparatoires d'un guerrier, ainsi que sur ses fonctions mêmes, et quelle doit être l'importance de faire dériver ces considérations de l'idée sur la guerre, et par conséquent de transmettre

14.

cette idée pure et non altérée aux guerriers qui savent réfléchir.

La force de la volonté, Messieurs, résulte, 1° de la reconnaissance et de l'appropriation des raisons suffisantes relativement aux actions de la vie ; 2° de la fixation des principes reconnus et adoptés d'après ces raisons ; et enfin, de leur application constante, fût-ce même aux dépens des plus grands sacrifices.

Sans la reconnaissance des raisons suffisantes, et sans la conviction qui doit en résulter, il n'est pas possible d'avoir confiance en soi-même, ni une ferme assurance dans l'exécution d'un projet quelconque. Personne ne s'avisera, j'ose l'espérer, de vouloir en douter. Tant que le guerrier ne reconnaît pas distinctement ce qui est bon ou mauvais, vrai ou faux, relativement à l'idée de la guerre, il ne pourra jamais être assuré d'en avoir trouvé la méthode.

Il s'agit avant tout d'avoir la conviction nette de tout ce que l'on regarde comme vrai, d'autant plus qu'au fond le militaire se voit abandonné de toutes les ressources scientifiques dans les momens les plus décisifs, et qu'il ne doit mettre sa confiance entière qu'en lui-même, et dans les ressources qu'il peut y puiser.

Il faut cependant que les raisons que l'on a

reconnues comme vraies et justes, se représentent à l'esprit d'une manière claire et distincte, et qu'elles aient de la cohérence entre elles. Si cela est, il en dérive des principes qui, en consolidant la conviction, peuvent faciliter le moyen de nous les mettre toujours devant les yeux.

Il est de la dernière importance de trouver la véritable route pour parvenir à cette conviction intime, sans quoi il s'ensuit une direction fausse dans les idées. Celle-ci, qui réside dans le sanctuaire intime de l'ame, est la cause pour laquelle les hommes les plus intelligens ne peuvent souvent se comprendre entr'eux; parce qu'en affaires l'on n'est pas accoutumé de les faire précéder par des explications de mots. Mais si l'on a pris la véritable route, c'est-à-dire, si un militaire, dans ses considérations, est parti d'une seule et même idée, qui doit servir de base à toutes ses réflexions et à tous ses efforts; alors il aura prévenu toute contradiction avec lui-même, il aura trouvé les moyens de construire un édifice solide et durable.

Dans le commencement, cette entreprise n'est pas sujette à beaucoup de difficultés, car l'idée qui sert de base, et dont il faut partir, est fort simple. Nous la trouvons très-claire dans ce peu de paroles, *que la guerre demande des moyens extrêmes pour des démarches violentes ;* et il sera clair, dès le premier abord, que ces moyens et ces démarches doivent dériver plus de la force de la volonté que de celle de la science. Il ne peut donc pas être difficile de trouver, en suivant cette route par sa propre réflexion, des principes moyennant des vues et des convictions justes.

Mais quand il s'agit de lier entr'eux ces principes, ainsi que les vérités partielles reconnues telles au premier abord, on se voit arrêté par des doutes et par des contradictions plausibles, dont le poids n'est sensible qu'à celui qui cherche de toutes ses forces à être d'accord avec lui-même. Il faut donc s'accoutumer à savoir parcourir une longue série de pensées, ou l'on court risque d'accumuler erreur sur erreur, et de perdre de vue les conséquences les plus importantes. La plupart des hommes en fournissent la preuve, parce qu'on peut leur reprocher qu'ils ne savent pas ce qu'ils veulent, comme il arrive à la majeure partie de ceux qui ont écrit sur la guerre, et se donnent la peine de former des systèmes, sans avoir égard à l'idée fondamentale dont nous avons parlé. Une telle entreprise, Messieurs, doit nous paraître aussi folle que si l'on voulait arracher des fragmens du milieu d'une tour inébranlable, ou si l'on voulait commencer un édifice par des décorations intérieures, au lieu de le commencer par les fondations.

Quand on s'est convaincu de la justesse des principes et des conséquences qui doivent en dériver, il ne s'agit plus que de les faire entrer dans la vie pratique, et de les mettre à exécution. C'est ce que j'appelle la faculté d'être conséquent dans ses actions : faculté précieuse et nécessaire au guerrier. C'est le caractère.

Du caractère.

Je sais, Messieurs, que je vais entrer dans l'empire de la philosophie et de la morale. Mais cette observation ne peut pas m'intimider ; car la philosophie que nous ne pourrions suivre à l'aide de la raison, ne serait d'aucune valeur à mes yeux. J'espère donc que cette raison seule pourra suffire, n'étant en aucune manière disposé à m'en écarter, pour me jeter dans la carrière des sophistes. Je ne veux que vous inviter à me suivre sans préjugé ; ce que j'ai à dire me paraît important.

La volonté doit tendre à fortifier le caractère, et surtout dans l'homme qui se destine à la guerre. Voici mon raisonnement.

Le caractère et le but de la guerre sont austères; ils absorbent toutes les facultés de l'esprit et du corps; ils sont même violens, inhumains et contre nature : nous avons beau les modifier, ils restent toujours les mêmes. Quiconque voudrait y remedier, attèlerait non-seulement les chevaux derrière la voiture, mais semblerait vouloir prolonger les guerres, et blesserait plutôt qu'il ne servirait l'humanité. Au contraire, tout ce que l'art peut y faire, c'est, comme nous en sommes déjà convenus, d'abréger les guerres autant que possible; ce qui ne peut avoir lieu que quand on laisse leur nature inaltérable, et que l'on admet les plus grands sacrifices et les plus grands efforts comme des calamités nécessaires. Nous développerons plus particulièrement cette circonstance dans la suite de cet ouvrage.

La guerre doit paraître contraire à la nature, et aux hommes tels qu'ils sont sortis de ses mains, parce qu'il n'est pas vraisemblable qu'ils aient reçu la vie pour se l'arracher mutuellement. Malgré cela, il y a des guerres; et c'est un problème difficile à résoudre, si le mal qu'elles produisent ne l'emporte pas sur l'utilité qui en résulte. Il suffit de nous arrêter à l'existence de cet état de *guerre*, et de comprendre en même temps que les forces motrices des facultés restreintes de l'homme, qui sont nécessaires, doivent être élevées, par un développement soigné, à un degré de perfection plus grand qu'on n'en aurait besoin hors de cet état, ou sans ce phénomène qui dévaste la terre. Ainsi, dans ce sens, l'assertion n'est pas destituée de fondement, qu'un guerrier doit suppléer par un art éminent à ce que la nature lui a refusé. Le citoyen paisible a également besoin d'être résolu, d'avoir du sang froid, d'être courageux, etc. Cependant, il sera, plus rarement que le militaire, dans la nécessité d'agir et de se déterminer avec la promptitude de l'éclair. Il n'a pas besoin de s'oublier comme lui, ni, comme lui, de s'élever jusqu'à l'héroïsme.

Le guerrier, fût-il doué de la plus haute pénétration, eût-il reçu de la nature toutes les dispositions réquises pour son état, n'aura le plein usage de ces dispositions qu'autant qu'il les aura cultivées de bonne heure. S'il y a des moyens d'en accélerer le développement, nous n'aurons pas fait une vaine entreprise, en les cherchant et en les indiquant.

La force de la volonté ne peut pas se prouver par des pensées seules; il faut des actions. Il s'agit donc d'acquérir cette ténacité dans les actions que nous avons déjà indiquée. Cette ténacité est la mère de la persévérance ; elle est, conjointement avec la conviction qui la précède , le moyen le plus sûr de parvenir au but. Car celui qui s'est accoutumé à regarder toute sa manière d'agir comme un ensemble réglé systématiquement , aura nécessairement plus de moyens de se déterminer selon l'esprit dont il se sent animé ; il lui sera plus facile de trouver des expédiens pour se sauver d'une situation scabreuse.

Ce degré de résolution est recommandable dans toutes les conditions , mais principalement dans celle qui s'occupe des moyens de préserver un état de sa honte ou de sa ruine.

Celui qui se sent né pour le métier de la guerre, ne s'occupera pas par nécessité de ces réflexions ; il y sera porté par un penchant naturel. C'est ainsi que ses principes seront fondés avant tout sur la nature de sa condition. Un tel penchant est nécessaire , pour planer en quelque sorte, en réfléchissant et avec une espèce de prédilection, sur son sujet , pour le considérer sous toutes ses faces, pour en faire même l'idée dominante de toute sa vie.

Les forces morales de l'homme ne sont pas les mêmes dans tous les individus ; mais il est incontestable qu'avec de la bonne volonté chacun peut se rendre plus ou moins le maître de ses passions : ce sujet est délicat ; je dois néanmoins en parler. Pour se rendre maître de soi et de ses passions, il faut s'accoutumer à une sorte d'austérité sans laquelle tous les efforts seront vains.

Jamais il n'y a eu de guerrier cité pour sa force énergique, qui n'ait exercé un pouvoir absolu sur sa personne, dès qu'il importait de mettre à exécution un projet quelconque. Les militaires même efféminés de tous les temps tâchaient de faire de grands efforts, lorsqu'il s'agissait de faire valoir la force nécessaire à de grandes actions.

En général, le guerrier a besoin d'une grande modération dans ses passions, de sobriété dans les jouissances, de patience dans l'adversité, de confiance en lui-même. Il ne doit point se laisser enivrer par les faveurs de la fortune, ni se laisser décourager par la persévérance du malheur.

Il ne doit faire de réflexions que sur la manière dont il s'acquittera de son important emploi. Il a besoin d'une imagination active , du talent de deviner les secrets d'autrui, d'une pénétration qui, par une sorte d'instinct naturel, sache apprécier par analogie et les évènemens et les hommes. Mais il faut qu'il soit le maître de ces facultés, qu'il sache les dominer, sans jamais se laisser entraîner par elles. Il ne doit jamais s'abandonner entièrement à des projets vagues, ou à quelque idée favorite, sans apprécier leur influence sur sa manière d'agir. Il se mettra en opposition avec la méthode de nos contemporains qui inventent leurs projets avec un *élan poétique* , et qui s'abattent durant *la prose de l'exécution*. Il faudrait au contraire, pour suivre cette figure, qu'on inventât des projets militaires avec la sobriété d'un prosateur, et qu'on les exécutât avec toute l'énergie d'un poëte pindarique. Le guerrier peut admettre des métaphores , mais jamais d'hyperboles. Il doit mépriser comme indigne de lui tout ce qui est obscur , indéterminé, douteux ou même incertain , et faux dans le cours des spéculations scientifiques ou dans les réflexions de la vie ordinaire ; il doit rejeter tout ce qui n'est que subtilité , pédanterie, ou ce qui ne sert qu'à induire en erreur, qu'à entrer dans des combinaisons oiseuses, ou à amuser les autres par ce nouvel art transcendental, qui n'est bon qu'à donner des transes, telles qu'on en éprouve à la vue d'un homme qui danse sur la corde.

Le guerrier ne considère la vie qu'avec une certaine résignation. Il faut qu'il sache se priver pour apprendre à jouir; il doit, plus que tous le reste des hommes, faire peu de cas de ses jours, etc., etc., etc..... Celui qui se persuade que ce tableau ne peut s'appliquer qu'à la sagesse elle-même, ne nous comprendra pas; mais, si enfin nous voulons nous arracher de l'abîme de la mollesse dans laquelle est tombée notre génération, fière de son savoir, mais pauvre dans ses facultés d'agir, certes, il n'y a pas d'autres expédiens que ceux dont nous avons parlé.

Il ne s'agit pas de savoir si cela est facile ou agréable, mais si cela est nécessaire. Enfin, Messieurs, le véritable guerrier doit savoir s'honorer lui-même, et ne s'abaisser jamais au point de se rendre l'esclave et le flatteur des autres. Il méprise l'hypocrite du fond de son cœur; il ne veut pas se donner la peine de rechercher les faveurs de la fortune. Il se sent attiré vers les grands hommes de tous les siècles; et, s'il est capable, ou si son destin lui permet de faire une action digne d'éloge, il le fait sans vanité et sans songer à la

faire proclamer par les trompettes de la renommée. Il pense que les héros dédaignent l'art de
se donner en spectacle, et qu'ils parcourent
leur glorieuse carrière sans s'abaisser jusqu'à
une indigne ostentation.

Le véritable guerrier ne devrait même pas
s'empresser d'accréditer ses opinions. Il ne doit
briguer une renommée dans l'opinion publique
qu'avec un esprit sage, et selon que la suite naturelle de l'impression qu'il peut avoir faite sur
ce public même le lui indique. En un mot, il doit
plus être que paraître, sans vouloir jamais plus
paraître que ce qu'il est véritablement.

Pour s'approprier une telle manière de penser et d'agir, il faut que toute notre existence se
règle sur elle. Il ne suffit pas d'avoir parcouru
légèrement ces réflexions, il faut s'en pénétrer;
il faut qu'elles forment la base de notre conduite,
et qu'elles se représentent, en quelque sorte,
comme la préface de chacune de nos actions.
Un guerrier regarde la vie comme une affaire
dont il ne s'occupe que pour la guerre; il ne
pense qu'à la guerre; il n'agit que pour la guerre.
C'est donc pour la guerre qu'il doit acquérir les
qualités personnelles dont se compose son caractère.

Si nous regardons l'existence guerrière d'un

homme comme une occupation réelle, il faut
qu'elle soit conduite d'après un plan réglé ; et je
ne crois pas annoncer une prétention outrée en
vous proposant de l'admettre sérieusement.

Il est vrai que cette proposition ne se ressent
ni du goût moderne ni de la facilité complai-
sante de nos temps, et je crains que l'on ne rejette ces réflexions comme une doctrine suran-
née. Quoi qu'il arrive, la vérité ne doit pas en
souffrir. Ce serait avilir cette imposante vérité,
que de vouloir chercher à lui donner plus d'a-
grémens.

Un guerrier, Messieurs, reconnaît que l'homme
n'est pas seulement doué de facultés physiques
et intellectuelles, mais aussi de facultés morales.
Il ne se contente pas d'endurcir son corps par
l'exercice, ou de faire, par des études suivies,
des progrès dans les sciences ; il se propose en
outre de perfectionner ses facultés morales d'a-
près un plan régulier, et de les maintenir en
équilibre avec ses forces intellectuelles et physiques ; et c'est en quoi consiste son plus haut
degré d'instruction. Ainsi le guerrier ne doit pas
cultiver les premières de ses facultés aux dépens
de sa santé, pour s'engourdir à force d'étudier ;
de même qu'il ne devra pas les négliger pour
exercer sans interruption l'escrime, la manœu-

vre, l'équitation ou la chasse : c'est ici que l'on doit choisir un terme moyen ; mais avec ré-flexion, et de manière qu'il réponde au but que l'on s'est proposé. Ce terme moyen peut avoir sur nous des effets surprenans, et dont le plus grand nombre des hommes ignore les consé-quences.

Il n'y a pas de penchant qui ne puisse être dompté ; et, quoiqu'il y ait de certaines occu-pations qui exigent une disposition toute parti-culière, l'on apprend néanmoins, par une vo-lonté forte, à se donner l'élan dont on a besoin. L'habitude de cette façon d'agir mérite d'être prise en considération. C'est pourquoi il vaut bien la peine d'ajouter encore quelques réflexions sur la manière qu'il faut employer pour faire de la vie une occupation réglée.

Il paraît souvent plus facile de remplir les de-voirs que nos relations nous imposent, que de nous acquitter de ceux que nous nous imposons à nous-mêmes. Les premiers sont appuyés sur une contrainte extérieure, et nous agissons au détriment de notre propre intérêt, en ne faisant pas ce que nous devions faire.

Quant aux devoirs que nous nous sommes imposés volontairement, c'est différent. Nous sommes juges et parties ; nous sommes nous-

mêmes l'autorité suprême, et le point d'honneur
d'un homme qui rougit en transgressant ses
propres lois peut déjà passer pour fort délicat :
cependant cette transgression est toujours une
grande faiblesse. Un guerrier, Messieurs, ne
doit pas se compromettre par une telle incertitude, qui prouve qu'il ne sait pas se gouverner
lui-même.

Avant donc de s'imposer une loi, on doit
examiner si elle est nécessaire, quelles sont les
suites qu'elle peut avoir, et si on possède assez
de forces pour s'y soumettre. Qu'on se garde
bien de passer avec légèreté sur cet examen, et
qu'on pense que c'est une affaire très-délicate,
sérieuse et de haute importance, que d'être
son propre législateur et son propre juge. Indépendamment de la perte que nous ferions en
manquant le but, nous risquons encore de perdre l'estime que nous devons nécessairement
avoir pour nous-mêmes.

Mais si on est parvenu à une conviction intime, et qu'on se sente assez de forces pour la
résolution et l'exécution, on peut alors s'imposer un nouveau devoir. Il en résulte ce qu'on
n'appelle que trop souvent avec légèreté un
dessein prémédité, sans qu'on songe à son importance et à sa sublimité. Il est vrai qu'il n'est

ni l'un ni l'autre que pour celui qui admet des principes; mais, comme ceux-ci sont la base de toutes nos actions, on doit voir du même coup d'œil, et combien il importe, et combien il est difficile d'en avoir. Certes, c'est une conduite inexcusable et une frivolité ridicule que de se jouer légèrement des objets qui demandent une si sérieuse réflexion.

Il s'ensuit encore qu'un *dessein* dans cette acception est tout-à-fait différent de l'idée qu'on s'en fait ordinairement, et à tort. Celui qui veut acquérir un caractère ferme et inébranlable, doit adopter cette méthode, ou il manquera son but. Le respect que l'on doit avoir pour les principes et pour les desseins qu'on se propose, ainsi que l'inviolabilité de ces deux objets, telle est la condition *sine quâ non*, de celui qui veut essayer de faire de la vie une occupation réelle.

Le militaire, Messieurs, qui traite si souvent les autres avec sévérité, dont toute la vie est une austérité continuelle, qui est regardé comme le fléau des peuples, devrait avec raison commencer par être sévère pour lui-même, et procéder avec toute rigueur dans l'accomplissement des devoirs qu'il s'est imposés après de mûres réflexions. Après avoir pris une fois sa résolution, si elle est juste,

tous les sacrifices que l'exécution demande, doivent lui paraître, sinon indifférens, au moins indispensables, s'agit-il de renoncer à des habitudes
à des commodités, et même à des passions in-
vétérées. Il doit être capable d'une entière ab-
négation de lui-même, ainsi que de ceux qui
l'entourent, dès qu'il est question de poursuivre
un dessein dont il a reconnu la justice, et d'après
laquelle il a pris une résolution. Cela, Messieurs,
peut paraître austère, quant à moi je le crois
indispensable.

Au reste, nous n'avons pas besoin de remarquer que de telles résolutions ne doivent pas
être confondues avec des fantaisies. Il est des cas,
il est vrai, où il est difficile de trouver la limite
d'une louable fermeté. Mais il est superflu d'a-
voir cette crainte, en admettant qu'une résolution doit au préalable être examinée, et qu'on
doive ensuite scruter continuellement les raisons
qui font la base de nos actions et de nos convictions. Dès que celles-ci ne répondent plus au
but que l'on s'est proposé, elles cessent d'être
admissibles. Cependant cette recherche suppose
un degré d'impartialité et de pouvoir sur soi-
même, sans lequel on pourra commettre de
graves erreurs. Mais aussitôt que les moyens que

l'on a choisis ne répondent plus à notre but, on doit les supprimer sans hésiter.

Voilà la règle. Quant à l'application, c'est autre chose. Il est vrai qu'avec la meilleure volonté du monde et la plus constante assiduité pour atteindre son but, ainsi qu'avec la pratique des moyens reconnus depuis long-temps pour être suffisans, on aura besoin de nouvelles forces, soit pour avouer une erreur, soit pour revenir sur ses pas, quand les circonstances l'exigeront.

Mais une déférence prise dans ce sens est nécessaire à un militaire, dans toutes les relations où il s'agit moins d'une inflexible persévérance, que du grand art de savoir conduire et les événemens et les hommes. Car, si c'est un art de surmonter à force ouverte les difficultés, c'est un art plus difficile que de se contraindre soi-même; savoir abandonner à propos un plan, c'est montrer beaucoup d'habileté. On n'a pas toujours la possibilité de se déterminer en faveur de tel ou tel parti, en mettant scrupuleusement dans la balance les raisons pour et contre, mais on a toujours besoin d'un certain coup d'œil pratique, d'un tact, d'un *savoir-faire*, et même d'une résignation à la nécessité. Si, à la place de ces facultés, vous supposez des fantaisies, des caprices, qui créent des raisons où il n'y en a pas, le militaire ne possède pas cette espèce d'instinct qui lui fait pressentir tout à coup le parti qu'il faut prendre ; il se trouvera dénué des expédiens qui ne devraient jamais lui manquer quand il est forcé de remplacer un plan par un autre.

L'exécution d'un plan de vie, tel que nous l'avons reconnu nécessaire, ainsi que les principes et les résolutions qui doivent en être la base, peuvent être extrêmement soulagés par des habitudes particulières et par les penchans qui en résultent. Il faut surtout y apporter une ame calme, qui se maintienne, autant que possible, dans le même équilibre et qu'entretient un partage régulier du temps. Aucun homme pensant, et sourtout aucun guerrier, ne devrait jamais être assailli par l'ennui, par le besoin des passe-temps et des délassemens frivoles, parce que cette disposition de l'ame est pernicieuse en elle-même et diamétralement opposée aux différens points que nous nous sommes proposé d'atteindre.

Ce calme de l'ame réagit favorablement sur la persévérance dont on a besoin pour considérer d'un même coup d'œil, et toujours sous les mêmes rapports, les objets qui se trouvent en relation avec notre plan. Ainsi, un partage de temps fait avec économie étant absolument nécessaire, la fixation de ce que nous pouvons et devons faire, pour cultiver également toutes nos facultés, devient une chose d'urgente nécessité. On ne peut dire qu'on sait ce que l'on veut, et pourquoi on existe, qu'après avoir arrangé définitivement tout ce que nous venons de dire, et mis dans une balance tous les besoins, toutes les relations et toutes les facultés; de sorte qu'il n'y ait rien de trop ni d'un côté ni de l'autre. Ce n'est qu'en suivant cette route, pourvu qu'on sache la suivre avec persévérance, que les différentes facultés, le savoir et le vouloir, peuvent être mis en équilibre. Mais il faut avoir soin de tenir à la même hauteur toutes les parties élémentaires de son entreprise.

Au reste, je n'ai rien à dire à celui qui serait tenté de se formaliser de mes réflexions. Il ne me comprendra pas, mais il restera surpris. Que m'importe? ce n'est pas à lui que je m'adresse : ce qui suit n'est également écrit que pour ceux qui veulent bien me prêter quelque attention.

La durée de notre existence est un court espace de temps. Le temps est donc un objet précieux, et qui vaut bien la peine qu'on en use avec économie. Vouloir faire tout à la fois, est impossible; faire les choses l'une après, c'est ce qui nous conduit au but, ce but fût-il placé dans le plus grand éloignement. Quand on a fort à cœur de parvenir au terme d'un dessein qui tend à notre perfectionnement, et que l'on ne fait pas attention à ce que je viens de dire en se le mettant toujours devant les yeux, on s'impatiente, on se précipite, et on recule, au lieu d'avancer. Une distribution régulière du temps conduit au contraire à ce calme indiqué, et il en résulte l'habitude de comparer, préalablement à l'espace du temps que nous pouvons y donner, tout ce que nous voulons entreprendre. L'habitude fait ordinairement naître la facilité de s'adonner à l'occupation dont il s'agit, de la reprendre en son temps, et, quand nous le voulons, de la quitter au temps convenable. Nous nous acquittons facilement de ce qui peut nous procurer du plaisir et de l'agrément. La facilité de travailler à tout moment, et quand bon nous semble, est d'un prix inestimable. Tous les grands hommes, comme l'on sait, l'ont possédée à un degré éminent. Ils pouvaient faire beaucoup de choses l'une après l'autre, et même plusieurs à la fois, et ils y étaient disposés presque à toute heure. Tout le monde sait par exemple que le grand Fré-

déric ne s'amusait à faire des vers qu'après dîner.
Cette facilité, il est vrai, est en partie un don
de la nature. Il est cependant certain que les
plus grands génies même ont besoin de la développer, et qu'en géneral elle peut être perfec-
tionnée en raison de ce que celui qui s'occupe
acquiërt plus d'empire sur lui-même.

Enfin, sans vouloir plus long-temps préconiser
ces facultés, je ne puis m'empêcher, Messieurs,
de m'en rapporter à votre propre jugement,
pour déterminer le prix que peuvent avoir toutes
ces habitudes pour un militaire.

La distribution du temps est encore un an-
tidote contre la mauvaise humeur, qui tour-
mente souvent les hommes d'une manière ty-
rannique, et les rend incapables de vaquer à
leurs affaires. Cette disposition doit être maîtrisée, puisqu'on ne peut achever méthodiquement une affaire, quand on ne sait pas se rendre
maître de son humeur.

Une volonté forte et une fermeté inébranlable
dans les mesures prises contre notre propre
faiblesse, voilà ce qui peut y remédier. C'est une
opinion erronée de croire que les grands génies
n'ont employé leurs forces que par intervalles,
et qu'ils n'ont travaillé que par fantaisie et
par temps inégaux. Si cela était vrai, ce serait

une tache à leur caractère. On sait au contraire
que les plus grands hommes, les César, les
Frédéric, ont travaillé beaucoup et avec une
grande régularité, que leur vie entière n'était
qu'une suite non interompue d'occupations va-
riées. On trouve chez eux une distribution
exacte du temps, ainsi que les habitudes et les
penchans qui en résultent, et enfin une tenue
dans leur manière de vivre, qui fut toujours
la même pendant la durée de leur existence.

Donc, ce qui conduit le plus loin, c'est cette
habitude d'être continuellement occupé, ce
penchant à une activité préméditée, et la meilleure
distribution possible du temps. Voilà une pensée
que l'on ne doit jamais oublier, si l'on veut
considérer la chose que nous venons d'examiner sous le point de vue que nous avons
indiqué.

Telles sont quelques-unes des conditions, et
tels sont les principes qui peuvent s'appliquer
au plan de vie qui doit former *le caractère
guerrier*.

Mais ce plan suppose préalablement une austérité dirigée contre nous-mêmes, et il exige de
nous beaucoup de sacrifices. Cette austérité mise
en pratique pendant la vie entière, surtout
quand il s'agit d'être conséquent dans les actions,

et d'avoir toujours devant les yeux les raisons reconnues pour être suffisantes ; lorsqu'il importe de suivre les principes dont on a reconnu la vérité, quand même nous devrions faire les plus grands sacrifices, ou qu'il fût question de passer de l'idée à l'action : cette austérité prouve un caractère véritablement guerrier.

Nous considérerons, Messieurs, la nature de ce caractère sous deux rapports, savoir, sous le rapport de celui qui commande, et sous le rapport de celui qui obéit. Ce sont les deux relations principales de la vie d'un guerrier, où il importe de posséder les qualités susdites. On verra de plus en plus, par cet examen, de quelle manière se déploie un caractère guerrier, et combien est grande et décisive son influence dans toutes les situations de la vie.

1. *Le commandant.*

Il n'y a pas de doute que l'art de commander devient de jour en jour plus difficile, dans un temps surtout où l'abâtardissement des nations se trouve si fortement en opposition avec la formation d'un caractère guerrier. La génération présente nage pour ainsi dire au milieu de son savoir ; mais elle est si étrangère à l'art d'exécuter et d'agir, qu'on ne doit pas s'étonner que l'art de commander soit presque entièrement éteint, et que par là l'obéissance soit devenue d'autant plus difficile, que la suffisance de cette génération rend toute déférence plus onéreuse.

C'est donc un emploi bien ingrat que celui de commander à des hommes sans caractère et anti-belliqueux. Cependant les commandans eux-mêmes ont trop souvent le défaut d'avoir peu de caractère, et de laisser voir des faiblesses qui leur font beaucoup de tort. Car celui qui commande se trouve à l'égard de celui qui obéit dans un point d'élévation qui permet à celui-ci de le voir de tous côtés, de le mesurer avec justesse, et de le juger sans miséricorde.

Il serait bon, il serait utile à l'État qu'un commandant fût, par son caractère, ainsi que par sa place, au-dessus de tous ses inférieurs. Malheureusement il croit qu'il suffit d'être plus habile ou plus savant; et cette science ou cette habileté, qu'il doit au hasard d'une éducation plus soignée, ne suffit pas toujours pour maintenir le soldat dans la subordination : il faut encore qu'elle soit soutenue de l'énergie nécessaire pour imposer la crainte, ou de vertus nobles et généreuses, qui inspirent la confiance,

Il est reconnu que les commandans qui ont beaucoup de connaissances, et peu de talent pour l'exécution , sont moins estimés du soldat que ceux qui , bornés dans leur savoir , mettent , dans les affaires qu'on leur confie , le courage et la résolution qui les font réussir. Nouvelle preuve que la science toute seule ne suffit pas , et qu'à la guerre comme dans le monde le savoir ne vaut pas le *savoir faire*.

L'imperfection de l'idée sous laquelle on s'est représenté les qualités que doit posséder un officier commandant , a donné lieu à beaucoup de méprises , surtout dans la méthode de traiter les subordonnés. On a cru qu'il s'agissait avant tout de se concilier leur affection et leur attachement, afin de les mieux disposer à l'obéissance. Mais il n'y a qu'un rapport sous lequel cette pensée soit juste , et nous tâcherons de la considérer sous ce rapport.

Le commandant qui s'empresse, dès le premier jour et avant toute autre mesure, d'acquérir la confiance de ses soldats, sans leur avoir prouvé qu'il la mérite par ses qualités personnelles, doit aussi commencer par leur montrer beaucoup de condescendance, ou même par les soulager dans leurs devoirs , et finir souvent par les en dispenser entièrement. Cela indique plus de faiblesse que de raison. Supposons que tout cela n'est encore que de la bonté , les subordonnés de nos jours sont enclins à confondre la bonté avec cette même faiblesse , puisque l'une est très-voisine de l'autre. La raison de cette anomalie paraît résulter de l'esprit du siècle dans lequel nous vivons ; esprit qui aspire à toute espèce d'indépendance, sans avoir la force d'en défendre les droits ; esprit qui, d'après les lois qui régissent le cœur humain, est toujours disposé à mal interpréter les actions des chefs quand elles sont susceptibles d'une double interprétation , et à croire que celui qui s'abaisse à flatter la multitude n'a pas la force de la soumettre à son autorité. Autrefois, lorsque la force de la volonté était plus grande , et qu'en partant de soi-même , on pouvait tirer de meilleures conclusions relativement aux autres ; dans le temps où l'on aspirait moins à l'indépendance, parce que celle-ci pouvait être présupposée tacitement et se renfermait en effet dans de justes limites; dans le temps où les forces intellectuelles et les forces morales se trouvaient dans un plus juste équilibre , et que personne n'avait la volonté de faire ce qui était au-dessus de ses forces; où l'on était moins poli, mais en revanche moins efféminé : dans ce temps-là , dis-je, c'était faire honneur aux hommes, que de les traiter avec une bonté prévenante ; car il était à supposer que, malgré la conviction intime de leurs forces et malgré la médiocrité de leur politesse, ils étaient incapables d'en abuser. En effet ils étaient retenus dans le cercle de leurs devoirs par l'esprit de leur temps, et par le sentiment raisonnable de leur dépendance.

Quand on vient à considérer le degré éminent où est parvenue de nos jours la culture de l'esprit, qui est telle qu'elle n'a plus besoin d'être encouragée ; où un trop grand raffinement dans les idées, dans les acceptions, dans les habitudes et dans les mœurs, a remplacé la simplicité de nos pères, et où il faut commencer par exciter de toutes manières l'attention publique sur cette dégénération : la bonté prévenante dont nous avons parlé, fait alors une impression toute contraire et diamétralement opposée à celle qu'on pourrait en attendre. Les hommes ont un pressentiment vague de leur relâchement, c'est pourquoi ils ne peuvent se disposer à pardonner à leurs supérieurs, quand celui qui se trouve au timon des affaires paraît faible ou efféminé. Voilà d'où dérive cette inconséquence par laquelle on exige des autres ce qu'on ne peut exécuter soi-même, parce qu'on sent bien le besoin, mais qu'on n'a pas

la force de le satisfaire ; c'est-à-dire qu'on est
en contradiction avec soi-même , et qu'avec la
meilleure volonté du monde on ne peut exécuter ce qui est au-dessus de ses forces.

Il est cependant vrai qu'il y a plusieurs
nuances entre la bonté et la faiblesse ; mais
elles échappent aux yeux de la multitude. C'est
donc une mauvaise méthode que de vouloir ,
dans de telles conjonctures , commencer préa-
blement par adoucir une sévérité nécessaire, par
une condescendence déplacée. L'idée du commandement suppose une loi , une nécessité.
Vouloir la modifier , en se faisant précéder par
une excessive bonté , c'est annuler la loi; les
effets de cette faiblesse aveugle sont aussi fâcheux qu'inévitables , parce qu'ils manquent rarement de rendre l'autorité méprisable.

Alors même que les législateurs se sont em-
pressés de rendre les hommes heureux, ils ne
pouvaient pas commencer par les soulager dans
tous leurs devoirs; une stricte justice devait
leur servir de guide. Il n'y a donc pas une sévérité légale qui puisse être ennoblie par une
condescendence mal entendue ; et c'est une erreur de vouloir la mitiger , vu que les hommes ,
quand ils sont obligés de faire une chose qui
leur répugne , c'est-à-dire , qu'ils doivent obéir ,

ne peuvent être guidés que par celui qui se trouve élevé au-dessus d'eux, et que, dans la plupart des cas, ils ne peuvent être conduits que par une autorité forte.

On peut convenir que c'est un sentiment pénible que celui d'être forcé d'obéir, ce qui suppose un degré de crainte de la loi, et de soumission envers ceux qui peuvent nous donner des ordres. Il est toutefois plus facile de faire succéder dans la suite un sentiment plus agréable à celui qui nous répugne. Il y a plus d'agrément pour le supérieur et pour le subordonné, quand, dans le cours d'une affaire, la sévérité peut être plutôt adoucie qu'augmentée. Cependant cette dernière mesure ne peut avoir lieu si l'on commence par la douceur : elle ne peut alors être mise en pratique, sans être funeste à l'autorité.

Celui qui suit cette route, au lieu de se concilier l'affection de ses subordonnés, n'en obtient souvent que du mépris. Le commandant doit employer d'autres moyens, sans toutefois négliger celui de se faire aimer. Il doit faire en sorte que la conviction de la noblesse de son caractère, de l'étendue de ses lumières, de sa méthode de conduite, de sa justice et de la supériorité de toutes ses qualités personnelles, soit gravée dans l'esprit de ses subordonnés : et c'est alors qu'il aura acquis toute leur affection. Celle-ci ne peut donc être regardée que comme la conséquence de la conduite de celui qui commande, et elle ne peut pas être anticipée ni recommandée comme un moyen isolé que l'on doive se proposer d'employer.

La première de toutes les qualités d'un officier commandant est en général la justice relativement à ses subordonnés. C'est en elle que toutes les autres se confondent. Cependant cette qualité même peut dégénérer quand elle est poussée à l'excès.

Alors elle cesse d'être justice, c'est une cruauté ; de même que cette fade condescendance prête à tout excuser n'est que faiblesse. Celle-ci attire le mépris , celle-là excite la haine. Un commandant doit exiger le devoir de tout le monde ; mais sans faiblesse et sans sévérité. Alors, il est véritablement humain ; alors il peut sans inconvénient fournir à ses subordonnés l'aide et l'assistance dont ils ont besoin : il se considère lui-même comme étroitement lié avec eux. Bien loin de les traiter selon son caprice, il agit d'après le noble esprit qui doit servir de base à toutes les lois de la guerre. Ce procédé lui gagnera la confiance du soldat, et lui fournira

les moyens et le désir de seconder ses desseins
et ses opérations. Ceci est un art difficile, mais
dont tous les grands capitaines ont eu le secret.
Il n'y a d'autre route pour y parvenir que celle
que nous venons d'indiquer. Plus un officier
commandant est d'un grade élevé, plus il est
isolé, et plus il doit être circonspect quand il
est question de faire voir une bonté prévenante.
C'est ainsi que le veut l'esprit de notre siècle.

Pour ce qui regarde les ordres donnés pour
l'exécution d'un projet, il faut qu'ils soient
adaptés aux circonstances : mais ils doivent être
irrévocables. Un ordre doit être examiné avec
soin ; mais, dès qu'il est émané, il faut lui donner
la même inviolabilité que nous avons donnée
aux principes eux-mêmes, et que nous donnons
aux lois divines. Les transgresseurs ne doivent
pas échapper à la punition, surtout quand elle
est déterminée d'avance, et avec précision. L'on
ne doit jamais menacer sans punir. Les hommes,
et surtout les militaires, ne peuvent pas supporter qu'un commandant ait une *morale relâ-
chée*, et il n'y a pas de troupes qui puissent être
gouvernées par les opinions seules qu'on se
donne la peine de leur suggérer. Un ordre doit
donc porter l'empreinte de la plus grande autorité, parce que, sans cela, les différentes ma-

nières de voir pourraient avoir une influence
préjudiciable à tous.

Quand il est question d'une grande et importante affaire, il faut laisser la plus grande latitude
au jugement et aux lumières de celui qui en est
chargé. C'est encore un art que celui de connaître et de choisir les hommes à talens. Cependant, leurs talens une fois mis en action, l'on
ne doit plus entraver leurs opérations.

On peut admettre, pour toutes les autres affaires qui se traitent en temps de paix, qu'il est
bon de limiter la sphère d'un supérieur, de le
soumettre à un contrôle exact, et en revanche
de ne lui confier qu'une responsabilité bornée.
Quant aux affaires de la guerre, cette méthode serait une méprise. L'esprit austère de
la guerre, qui emploie les moyens les plus
violens pour parvenir à ses fins, ne s'accorde
pas avec ces restrictions ; il exige assez de liberté
pour donner de l'essor à ses forces. Il faut donc
revêtir un officier commandant, et surtout un
général en chef d'une grande indépendance, et
de pleins pouvoirs aussi étendus que possible.
Un contrôle rigoureux est incompatible avec
toutes les affaires qui concernent le métier des
armes. Au contraire, la plus grande responsabilité trouve son application pour tout ce qui

regarde l'administration des armées : mais , quant au commandement des armées même , quant aux entreprises où il y a des risques à courir , il faut que cette responsabilité cesse entièrement, ou au moins en grande partie ; ou le but sera manqué.

Des ordres donnés par écrit doivent être conçus en peu de mots , sans réticence et sans omissions , mais avec force et énergie. On n'a pas toujours besoin d'indiquer les motifs d'un ordre. Cela invite à les examiner de près , et enfante quelquefois des discussions nuisibles à l'exécution. Au reste , l'allégation des motifs ne s'accorde guère avec la véritable méthode guerrière qui est ennemie de tous détails superflus , et qui exige une obéissance passive. La guerre est l'ennemie déclarée des dissertations diffuses , ainsi que de tous les écrits pédantesques. Une chancellerie militaire est à proprement parler une institution ridicule.

Il n'est que très-peu de cas qui exigent ou qui permettent d'ajouter des éclaircissemens à un ordre ; car , si celui qui est chargé de l'exécution ne les connaît pas d'avance, et qu'il ne les entende pas sans qu'on ait besoin de les lui expliquer, il est trop tard de les lui enseigner. Enfin , ce qui rebute le plus dans le style militaire, ce sont ces phrases poétiques, ces fleurs de l'art oratoire. La chose principale consiste à indiquer le but et les moyens propres à l'atteindre. Le reste est inutile.

Si l'on se représente un officier dans un grade supérieur, on ne saurait s'empêcher de penser qu'il peut contribuer à faire naître, à cultiver, à vivifier et à maintenir le véritable esprit guerrier. Cet esprit est renfermé dans la devise du chevalier Bayard, *sans peur et sans reproche*, et l'on peut moins le définir que le sentir. On pourrait l'appeler le sentiment intime de l'énergie, l'absence de toute crainte à l'égard du but qu'on s'est proposé, une insousciance héroïque pour ce qui regarde l'emploi de tous les moyens équitables, une noble fierté envers l'ennemi qui nous est opposé, le mépris des jugemens de la multitude ignorante, et des considérations frivoles fondées sur la vanité. Mais ces circonscriptions sont insuffisantes. Nous nous contenterons d'observer combien est grande l'influence qu'un général en chef a sur son armée, avec quelle célérité sa manière de voir et sa méthode se répandent, et combien cette impression est durable. Nous n'ajouterons plus qu'un mot.

Un des premiers devoirs d'un général est, par exemple, celui de veiller à la conservation de ses troupes. Toutes les mesures relativement à la subsistance sont donc pour lui de la plus haute importance, et ne sauraient être assez surveillées. Il lui importe de même de ne pas sacrifier son monde, soit par les fatigues, soit par le fer de l'ennemi. Mais tout ceci a des bornes, et il est possible que le soin des troupes, poussé à l'excès, les accable d'une autre manière, et que par là leurs bonnes dispositions se trouvent altérées.

Il est vrai que c'est une vertu divine que celle d'épargner le sang humain ; mais il faut qu'elle soit exercée avec poids et mesure, ou l'on risque de racheter un petit mal par un plus grand. Supposé donc qu'un général n'ait d'autres soins que de mettre en pratique cette éminente qualité, sans s'inquiéter s'il peut atteindre le but de ses opérations, il sera bientôt imité par les autres généraux sous ses ordres, et il arrivera qu'on n'aura rien exécuté de décisif ni en grand ni en détail. On évitera les grands combats et les batailles meurtrières. Ce général d'armée voudra en revanche manœuvrer contre l'ennemi, et il cherchera son salut dans les mouvemens ; mais si ces marches et ces manœuvres lui tiennent fortement à cœur, l'armée souffrira plus des fatigues excessives, et peuplera plus les hôpi-

taux que si elle avait livré plusieurs batailles.
Quant au surplus, on aura affaire à un ennemi
actif qui aime à nous alarmer, notre armée perdra
infiniment de monde dans des combats partiels.
Tout traînera en longueur, les siéges ainsi que
les démonstrations, de sorte qu'à la fin l'armée
ne trouvera d'autre ressource qu'une campagne d'hiver, qui achèvera de la consumer. On
se trompe, si l'on croit que le simple soldat ne
s'aperçoit pas d'une telle conduite dans son général, et que celle-ci soit faite pour l'encourager.
Si le général en chef est au surplus porté pour le
triste système d'après lequel on cherche à tout
couvrir, et qu'il croie pouvoir occuper et défendre la majeure partie d'une province, l'armée
en souffrira de toutes les manières, et elle finira
par se fondre sans combat. Le soldat verra que
tous ses efforts sont en pure perte, et il gagnera
un dégoût pour une guerre où la plupart de ses
camarades tombent dans les mains de l'ennemi
sans coup férir, ou vont impitoyablement trouver la fin de leurs jours dans les hôpitaux. Il
aurait préféré les voir tomber sous le feu de l'ennemi ; car alors on est bientôt expédié. Mais être
traîné loin de ses foyers, ou mourir de langueur
dans les hôpitaux, c'est un sort cruel ; et comme
il est inévitable qu'une campagne faite avec peu

d'énergie n'ait pas ces suites malheureuses, l'armée maudira le destin qui l'a fait périr par des fatigues, par des maladies et par une multitude de petits combats, sans lui procurer aucun dédommagement soit en fortune soit en gloire.

Quand enfin un général a perdu la confiance de son armée, elle ne saurait être revivifiée ni par la bonté ni par la sévérité, tant l'exemple du chef est d'une influence nuisible. C'est pour cette raison qu'il n'osera rien entreprendre de grand et d'utile à l'État.

Et voilà comment l'humanité, cette noble vertu qui tend toujours à épargner le sang des hommes, dégénérera par le fait en cruauté, quand elle sera inspirée par la crainte, ou dirigée par de petites considérations.

D'où peut donc venir, et de quoi peut se fortifier l'esprit belliqueux d'une armée dans laquelle le découragement est généralement répandu ?.... Voilà ce que, dans de telles conjonctures, il est impossible de dire, quelle que soit d'ailleurs la vertu du général. Jamais grand capitaine ne fut accusé d'inhumanité, parce que, dans le cas d'urgence, il exposa la vie de quelques soldats : dès qu'il s'agit de vaincre, soit pour assurer l'honneur de ses armes, soit, à plus forte raison, pour celui de l'État, il n'hésite pas à faire répandre quelques gouttes de sang, pour en épargner des torrens. Un général d'armée se trouve dans la malheureuse nécessité de considérer les hommes comme des moyens propres à ses fins, sans s'inquiéter s'ils vont périr ou non. Voilà ce qui s'ensuit de la véritable idée de la guerre.

Une autre qualité bien estimable du commandant en chef, c'est le maintien de la discipline; car, quelle admiration ne doit pas exciter la vue du cultivateur et du citadin qui, au milieu de toutes les horreurs de la guerre, continuent de vaquer paisiblement à leurs occupations, les uns en labourant la terre et en soignant leurs troupeaux, les autres en s'occupant de leur commerce ou de leur industrie avec la même application que s'il n'y avait point de guerre dans le monde. Voilà, dit-on, l'utilité qu'on retire des armées perpétuelles et disciplinées : il ne s'agit que de les soudoyer pour vivre tranquille au milieu de toutes les querelles des souverains.

Fort bien : mais il y a ici des bornes; car il ne s'ensuit pas qu'il faille regarder le militaire comme un champion destiné à porter ses membres au marché public pour le salut des autres. Une nation qui considère la guerre sous ce point de vue, éloigne le génie tutélaire de la patrie; elle doit être regardée comme perdue au premier assaut qu'elle aura à soutenir : malheur au pays qui n'a pas d'autres défenseurs !

Si un général d'armée a le malheur de considérer la discipline sous ce point de vue, surtout dans un pays ami, il se trompera sur tous les effets et commettra fautes sur fautes. Il ne se contentera pas de protéger le citoyen paisible, mais il le fera aux dépens du soldat. Pour rendre plus supportable la charge des logemens militaires, le soldat n'aura que des galetas ou d'autres demeures malsaines. Il ne recevra strictement que sa paye et son pain; les troupes passeront la plus grande partie de la campagne au bivouac, lors même que le bivouac ne sera pas nécessaire; tous les chevaux de trait seront sans cesse en mouvement pour épargner ceux des habitans, et ainsi du reste.

Par ces procédés l'armée prendra de l'humeur et contre le général et contre les citoyens; des excès attireront des punitions; le soldat et l'officier, également mécontens, seront également découragés. Jamais aucune armée n'a fait rien de grand que le soldat n'ait joui et d'une certaine considération et de quelques prérogatives. Le véritable salut d'un pays est lié au bien-être et à l'estime que l'on accorde aux militaires destinés à sa défense. Le citoyen paisible peut perdre lout, jusqu'à sa fortune, quand ses défenseurs lui manquent, tandis qu'il lui en coûtera bien moins d'être protégé par une bonne armée.

L'on ne peut donc pas se déclarer en faveur d'une discipline établie au détriment de l'armée : le soldat doit être retenu dans l'ordre et dans la règle, mais il ne doit pas en être la victime. La guerre est un mal nécessaire, dont on ne peut qu'adoucir les effets, sans jamais pouvoir les faire cesser entièrement. Il n'est donc pas possible d'épargner le théâtre de la guerre, de manière qu'il ne puisse rien ressentir de ce fléau. Pour l'adoucir, il faut bien se garder de démonter la machine avec laquelle on fait et avec laquelle on termine la guerre ; et, pour ne pas la démonter, il est nécessaire d'entretenir le soldat dans une sorte d'aisance, modérée par une sévère discipline.

Celui qui s'impose le devoir de sacrifier son existence au salut de sa patrie, a bien quelques droits à réclamer des soulagemens dans ses peines.

En examinant de sang-froid et sans exagération les réflexions que nous venons de faire, on conviendra de leur justesse, et on sera d'autant plus disposé à croire que les opinions contraires ne peuvent être que le résultat d'une philantropie mal conçue. C'est de cette même source que dérivent tant de belles déclamations contre la guerre, ainsi que l'idée qu'on se forme de l'humanité d'un officier chargé d'un commandement, et enfin l'influence pernicieuse qu'elle exerce sur les esprits : une telle philantropie est aussi contraire à la véritable humanité, qu'au caractère du véritable guerrier.

Tous les capitaines des siècles passés, et dont la victoire a couronné les travaux, ont tout autrement pensé sur la guerre, et leur exemple a dû faire une impression tout-à-fait différente. Pour prouver ceci, on n'a qu'à parcourir l'histoire ; et quand on refuserait de reconnaître comme des modèles de perfection les guerriers du temps passé, l'on n'en serait pas moins forcé d'avouer qu'ils ont eu sur la guerre des idées plus justes que les modernes, et que de leur temps un caractère guerrier a pu se former dans les armées avec plus de facilité que de nos jours. S'ils étaient plus sévères pour les autres, ils l'étaient aussi pour eux-mêmes ; ils ne tombaient pas dans cette mollesse d'opinion dont nous venons de parler ; et il faut considérer que, pour la plupart des hommes, il est très-difficile de conserver un juste milieu.

Les généraux des siècles passés partageaient avec leurs soldats toutes les fatigues de la guerre ; ils

étaient toujours à la tête de leurs troupes ; ils n'é-
pargnaient, ni leur personne, ni l'armée, ni même
le pays, lorsqu'il n'était pas possible de faire autrement. Le soldat était revêtu d'une grande autorité; l'officier, le général, d'une autorité plus grande
encore. Cependant personne n'était exempt de
responsabilité. L'on ne demandait point dans l'armée quel était le nombre des ennemis , mais on
demandait où ils étaient. Les pays conquis n'é-
taient pas pillés méthodiquement, mais on en
tirait grand parti sans beaucoup de cérémonies
quoique avec ordre. Les commandans du second
rang avaient un grand pouvoir, ils n'étaient
que très-peu assujettis à un contrôle. On avait
peu d'affaires de bureaux; l'administration des
armées était moins compliquée. En revanche
on comptait davantage sur la parole des hommes.
Les ordres , les instructions, les dispositions ,
les relations , étaient conçus en peu de mots.
Tout cela devait produire une réaction utile
sur les inférieurs, et leur inspirer un esprit
égal en force et en précision.

Je n'ai point l'intention, Messieurs, de blâmer
les organisations et les arrangemens administratifs des armées modernes , en faisant l'éloge
des anciennes méthodes, qui, à beaucoup
d'égards , étaient moins parfaites. Il faudrait

beaucoup de temps et d'études pour approfondir
cet objet; tout ce que je veux et peux dire, c'est
qu'on entre aujourd'hui dans de trop grands
détails et à toute occasion, ce qui ne peut en
aucune manière être favorable au développement
d'un caractère guerrier : tout commandant en
chef qui voudra favoriser ce développement,
devra autant que possible renoncer à cet esprit
de détail.

Il est bien clair, par les observations que
nous avons faites jusqu'à présent sur la méthode
et sur les procédés qu'un chef peut employer
envers ses subordonnés, que celui-ci doit avoir
lui-même des vues véritablement guerrières et
qui ne soient point altérées par des acceptions
fausses, en un mot qu'il soit doué d'un caractère adapté, à ces principes. On peut donc har-
diment avancer que le caractère d'un général
en chef est d'une influence décisive sur une
armée ; que la victoire et la gloire marchent
à la suite d'une armée dont le général est doué
des qualités grandes, éminentes et belliqueuses
dont nous avons parlé ; que la ruine et l'op-
probre seront le partage de celle qui a le malheur
d'avoir à sa tête un général borné dans ses vues,
trop humain, imprudent, et privé d'un caractère
guerrier. Le chef est la providence d'une armée,

et l'intelligence dont elle reçoit la vie et le mouvement. Les armées, de leur côté, ne sont que des instrumens, qui, à la vérité, peuvent être plus ou moins perfectionnés, mais dont l'usage et l'emploi doivent être long-temps et profondément étudiés.

On peut sans doute travailler beaucoup mieux avec un instrument parfait qu'avec un autre ; cependant ce n'est pas toujours dans la perfection de l'instrument qu'il faut chercher celle de l'ouvrage : c'est l'ouvrier qu'il faut considérer par-dessus tout (1). C'est pourquoi des généraux

____

(1) Le roi Frédéric II dit la même chose dans son instruction à ses généraux : « Je me donne la peine de « mettre, autant que possible, mes armées sur le meil- « leur pied ; cependant, qu'on n'oublie pas d'observer « que, malgré tout cela, elles ne peuvent être considé- « rées que comme des instrumens, perfectionnés seule- « ment pour que les généraux sachent un jour s'en « servir avec dextérité, et que ces instrumens mêmes, « tout parfaits qu'ils puissent être, ne sont utiles que « quand on sait bien les employer............ Autant un « général expérimenté doit être excusé quand il a de « mauvaises troupes sous ses ordres, incapables d'exé- « cuter ses bonnes dispositions, autant nos généraux, « pour dire vrai, doivent-ils perdre toute considération « et toute estime, quand, avec mes troupes bien exer- « cées, ils commettent, par leur propre ignorance, des « fautes grossières. »

qui ont peu de talens, ne sauront jamais rien faire, eussent-ils même une excellente armée, tandis qu'un grand général fera des actions glorieuses avec une armée moins parfaite. Toujours est-il vrai que les exceptions de cette règle sont très-rares.

Il y a eu des exemples que des troupes bien organisées et bien exercées ont été battues par des milices nouvelles. Ces sortes d'événemens sont rares, et ne prouvent rien contre les armées elles-mêmes, mais beaucoup contre ceux qui les commandaient, et qui se sont laissé surprendre. C'est donc dans la force de volonté du général, dans son caractère personnel, dans son énergie, qu'il faut rechercher les causes principales et les suites des événemens de la guerre. Certes, il importe que la massue d'Hercule se trouve entre les mains d'un géant plutôt que dans celles d'un nain.

Je conviens, Messieurs, que ces pensées sont assez connues; mais il s'en faut beaucoup qu'elles soient suffisamment méditées : il est donc bien à propos de les répéter souvent. On croit toujours devoir réparer, changer et perfectionner la machine, au lieu de penser, avant tout, au caractère et aux qualités de celui qui doit s'en servir. Ces recherches ont été tout-à-fait négli-

gées, parce que l'on méconnaît les forces motrices, et il est temps plus que jamais d'exciter
l'attention sur cet important objet. On a pris
soin dans toute l'Europe de perfectionner les
élémens de la guerre, car presque toutes les
armées y sont à peu près dressées d'après les
mêmes principes de tactique. Un peu plus ou
un peu moins, c'est ce qui ne saurait être d'aucune valeur dans ce grand calcul (1). L'on a
de même bien apprécié l'influence des ressources
intellectuelles et scientifiques, de sorte qu'il ne
nous manque plus qu'une chose, c'est de rechercher dès l'origine la source des succès et
des désastres.

Or, le bonheur des peuples, l'honneur et
la prospérité des nations dépendant de l'issue
des guerres, c'est un objet de haute importance
pour nous de scruter les qualités d'un général
d'armée, non pas pour produire des choses
que l'on n'a jamais vues, mais pour rassembler

---

(1) Ce qui manque à la force manouvrière d'une armée peut fort souvent être contre-balancé par l'esprit
belliqueux qui l'anime. Il est donc ridicule de travailler
sans cesse à perfectionner la machine, quand on ne
pense pas à lui donner le mouvement et la vie.

sous le même point de vue toutes les réflexions qui s'y raportent ; non pas encore pour donner des modèles , ce qui serait une entreprise ridicule ; mais pour exalter , par observation , l'idée de l'influence d'une grand caractère , et en même temps celle de la guerre elle-même. Au reste , on peut dire en somme que toutes les qualités dont chaque guerrier a un besoin urgent , doivent reparaître sous un plus grand jour dans le caractère du général en chef. J'ajouterai ici quelques réflexions qui ne sont pas étrangères à mon sujet.

Autant un défaut de caractère dans un général lui fait faire de faux pas et prendre de fausses mesures , autant un caractère vraiment belliqueux peut le conduire à la gloire. Tout cela s'opère , pour ainsi dire , sans que le jugement y prenne part. J'avais donc raison d'avancer , au commencement de ce chapitre , que c'est une chose très-importante que d'avoir des convictions bien fondées , et d'éviter de fausses acceptions d'idées.

Il est en vérité surprenant combien peu on sait apprécier ces grandes vérités. Il y a des généraux, des ministres et des cabinets qui décident en dernier ressort toutes les questions de la guerre , et qui ont des vues diamé-

tralement opposées à la guerre même. Ces hauts
personnages prononcent avec confiance sur des
sujets dont ils n'ont pas la moindre connaissance. Qu'arrive-t-il? ce qui ne peut manquer
d'arriver. C'est que toutes les mesures préparatoires sont fausses, et toutes les démarches
irrégulières. Les conseils les plus sages restent
sans effet : il n'y a même pas d'expérience qui
puisse leur désiller les yeux. Toujours ils em-
ploient de fausses mesures ; toujours ils en sont
punis, et jamais ils ne sont détrompés. Voilà
ce que c'est qu'une fausse acception d'idées ;
car celui qui n'a pas un caractère belliqueux,
ne saurait comprendre celui qui possède en
effet cette qualité. Une connaissance profonde
de l'art de la guerre même ne pourrait pas remédier à ce défaut.

Un capitaine, qui l'est véritablement, regarde
la guerre comme un *extrême*, où le salut
de l'État court les plus grands risques. Mais
ce n'est pas à cette réflexion seule qu'il s'arrête.
Son caractère le conduit à la résolution, et la
résolution à l'action. Il se résigne à toutes les
chances de la fortune. Il regarde la guerre de
sang froid, comme une lutte pour la conservation de l'existence même, et il ne considère
la possibilité de la paix que sous la condition

de terrasser l'ennemi, à qui l'on doit, l'épée à la main, pouvoir prescrire les conditions de la paix.

Au contraire, l'homme d'État paisible ne regarde la guerre que comme une exception de la règle, en admettant la paix comme la règle même. Le guerrier considère l'existence d'un État comme la première des conditions, mais que la guerre peut rendre problématique. L'homme d'État, dans ses spéculations, part préalablement de cette existence, et c'est la chute de l'État qu'il croit problématique. Plus ils poursuivent leur route, plus ils s'éloignent l'un de l'autre. L'un croit que c'est, dans un sens strict, le premier besoin d'être prêt à faire la guerre, parce que le soin pour l'existence est la première de toutes les nécessités. Le second croit au contraire que la mesure d'être sans cesse sous les armes ne sert qu'à dissiper des forces qui auraient pu être employées plus utilement à protéger la prospérité intérieure de l'État. Les points de vue d'où un homme de guerre et un homme d'État cherchent à connaître et à apprécier les forces de l'État, sont par conséquent très-opposés. Nous n'aurons pas besoin d'examiner lequel de ces points de vue, relativement à la guerre, mérite d'être préféré. Car un général

qui ne considère pas la guerre comme un *ex-
tréme* , néglige de reconnaître le trait caracté-
ristique de la nature de l'état que l'on appelle
de guerre.

La manière d'envisager cette grande question entre dans tous les arrangemens préparatoires que l'on doit prendre, soit en temps de
paix, soit pendant la guerre. Nous les avons
suffisamment décrits dans la première partie de
cet ouvrage ; il serait inutile d'en parler davantage.

Sans parcourir de nouveau cette matière, ni
toucher à l'influence que peuvent exercer les
ressources scientifiques proprement dites , je
veux fixer votre attention sur quelques-uns des
traits principaux dont se compose le caractère
d'un général d'armée. J'essayerai d'esquisser
moins ce qui regarde ses études ou ses connaissances que les facultés de son ame, dont le développement doit être regardé comme le ressort
principal de ses actions.

La politique, avons-nous dit, fait les premières
démarches relatives à la guerre : l'une ne peut
être séparée de l'autre. Malgré cet axiome, nous
reconnaissons une sorte de politique guerrière,
et une autre qui ne l'est pas : celle-ci n'admet pas
l'idée d'un moyen extrême, tel que la guerre,

et doit souvent en contrarier les vues. Il importe, sans doute, d'agir d'après les principes de cette politique ; mais n'oublions pas que la manière d'entrer en action dépend principalement des ordres de celui qui a le maniement des affaires. La germe de l'exécution se trouve, il est vrai, dans la connaissance des forces et des besoins, tant de notre propre État, que des États ennemis ; mais la maturité d'une résolution dépend du sentiment intime de la force de la volonté fondée sur des principes qu'on s'est formés sur la guerre, et sur l'habitude d'agir conséquemment à ces principes.

Le guerrier reste le confident intime du danger, en s'y habituant. Le danger fait naître et entretient le courage d'esprit, il élève au-dessus des orages du destin. Le guerrier jette un regard calme autour de lui au moment critique du passage de la paix à la guerre ; et c'est alors qu'il déploie les éminentes qualités de cette ferme résolution qui, à l'aide de notions distinctes, sait peser de sang-froid les avantages et les inconvéniens des démarches politiques. Cette disposition de l'ame précède toutes les grandes affaires, et rend capable de maîtriser tellement les événemens heureux ou malheureux, qu'à la fin le nombre des avantages surpasse celui des adversités.

Une politique guerrière connaît le principe vital de l'État, et prévoit les désastres prochains ou éloignés : elle travaille à les prévenir par des alliances; mais elle sait aussi compter, autant que possible, sur ses propres forces, et à s'en faire son grand point d'appui. Un caractère non belliqueux tremble en se voyant isolé dans le vaste espace des événemens. Le guerrier a la force de puiser, dans ses propres moyens, ses plus grandes ressources. Il serait ridicule de vouloir s'isoler; mais c'est une faiblesse morale, qui doit être étrangère au guerrier et surtout à un général, de ne pouvoir, en combattant des forces non disproportionnées, se confier aux siennes propres. Pour prévenir toute équivoque, nous remarquerons que c'est précisément ce que nous avons compris dans l'idée de la force de pouvoir rester seul.

Celui qui marche en homme prudent, avec résignation et sans crainte, à la rencontre de l'incertitude et de l'issue d'une entreprise; celui qui sent assez de forces pour pouvoir se fier en lui-même et dans les moyens de combattre qui sont à sa disposition, celui-là se considèrera comme son meilleur conseil. Il serait peu sage, il est vrai, de mépriser les opinions et les avis des autres; mais il serait encore beaucoup plus imprudent d'attendre uniquement et principalement son salut de leur part.

Un capitaine expérimenté ne fait pas la guerre d'après des conseils étrangers, mais d'après les siens propres : il voit, il juge, il réfléchit, et il agit sans avoir proprement recours à l'assistance d'autrui. La force de sa volonté, ses lumières sur la situation dans laquelle il se trouve, sa logique habituelle, son caractère austère, la ressemblance qu'il doit y avoir entre sa pensée et l'affaire dont il s'occupe, la certitude intime de pouvoir se fier uniquement et d'une manière indépendante sur lui-même, voilà ce qui constitue les grands ressorts de son ame, de sa résolution et de ses actions.

La force de pouvoir être son propre, son premier et son unique conseil, dédaigne tout partage d'autorité : elle ne cherche pas à s'appuyer sur les délibérations d'un conseil de guerre, non plus que sur un état-major. Un général doit considérer ses inférieurs comme des instrumens destinés à exécuter ses plans, et il sait les employer en raison de leurs facultés. C'est pourquoi les grands capitaines, en distribuant sagement les rôles, savent tirer un grand parti de leurs subordonnés, quand ceux-ci ne seraient que des sujets médiocres.

C'est une erreur que de chercher la cause du succès des opérations dans les délibérations du général en chef, et d'attribuer surtout à l'état-major général une influence qui préside à la conception des plans. Vouloir prendre conseil peut être utile; mais faire toujours dépendre sa détermination d'un conseil est une faiblesse dangereuse; c'est transmettre un pouvoir qui ne doit émaner que du centre, ou du général lui-même. C'est sur lui seul que repose la responsabilité. L'issue d'une entreprise doit être regardée comme l'anneau d'une chaîne dont on ne peut voir le bout. Celui-ci peut conduire jusqu'où l'on n'a pas voulu aller, et faire naître de nouvelles complications, dont personne ne peut trouver l'issue, sinon celui qui connaît la succession des événemens depuis leur commencement jusqu'au point où il se trouve. Il faut au surplus que celui qui a conçu un plan soit chargé de l'exécuter lui-même, comme nous l'avons remarqué. Un général d'armée a, dans la situation où il se trouve, beaucoup de ressemblance avec un prince dont les subordonnés lui sont trop inférieurs pour juger sainement de la place qu'il occupe. Comme la guerre est un *extrême*, la situation du général commandant est également un état dans lequel il doit savoir s'aider lui-même, ou il est perdu.

Quand on réfléchit attentivement sur ce que nous venons de dire, on est obligé de convenir que, parmi les hommes de guerre de notre temps, il y en a bien peu qui soient doués de cette force intrinsèque dont nous parlons. Voilà pourquoi le public est toujours disposé à faire intervenir l'état-major dans les honneurs d'une victoire. On met sur le compte d'une machine compliquée ce qu'on devrait trouver dans la force et dans le talent du machiniste.

Il est plus facile de donner un conseil sur les affaires de la guerre que de le mettre à exécution. Mais celui qui le donne peut moins juger que celui qui le reçoit combien il est difficile de franchir l'espace qui sépare la pensée de l'action, et c'est une vaine entreprise que de vouloir le déterminer d'avance. L'assurance que l'on acquiert dans l'exécution dépend donc uniquement d'une fermeté et d'une dextérité qui ne peuvent se former que dans l'intérieur de l'ame, et qu'aucun secours étranger ne saurait suggérer.

Un capitaine doit seul approfondir ce qu'il y a de plus essentiel dans ses plans, et il doit les exécuter d'une main sûre. La plus profonde méditation les fait naître, et c'est avec la plus grande célérité et avec les plus grands

efforts qu'ils doivent être mis à exécution. Le
général abandonne à la fortune la part qui lui
est due; mais il cherche et parvient à lui faire
adopter ses résolutions. Sa fermeté, produite par
l'habitude d'envisager sans crainte et sans im-
patience les événemens qui se passent sur la
terre, le prépare à tout événement. La force
d'esprit lui donne le pouvoir de réfléchir tranquillement sur la situation où il se trouve, et
de prendre sa résolution. Celle-ci étant une fois
prise, tous les moyens sont bons pour la mettre
à exécution; tout sacrifice est indifférent, si on
ne peut atteindre autrement le but qu'on s'est
proposé. Un capitaine ne peut avoir en vue que
le salut général, et rarement celui des individus,
parce qu'il est impossible à un mortel de les
protéger l'un et l'autre à la fois. C'est par là qu'il
pourra se placer dans une situation assez haute
pour planer sur le tout, en gouvernant dans le
sens de l'irrév ible destin.

L'on ne saurait disconvenir que de telles qualités ne soient capables de faire naître une assurance, et en même temps une résignation dans
les projets, soit en les formant, soit en les exé-
cutant, laquelle ne peut être produite par aucune
coopération étrangère, et qui doit contribuer à
faire réussir les entreprises les plus hardies.

Un général d'armée, qui veut être heureux et grand, doit, par l'éminence de ses qualités, faire sur ceux qui l'entourent de près , sur son armée, et même sur l'ennemi une impression profonde, que l'on peut regarder comme le garant de sa fortune. Un ascendant tel que celui-ci fait à la fin surmonter les plus grands obstacles. Il est difficile, Messieurs, de s'élever assez pour apprécier avec justesse la valeur d'un tel caractère. Cependant, ce n'est qu'en contemplant des objets sublimes que l'esprit peut s'éclairer, et que nous acquérons la force de nous élever jusqu'à eux.

Quoique l'on ne puisse énoncer quelles sont les facultés intérieures d'un grand génie , puisqu'on ne peut juger équitablement des grands talens qu'en les possédant soi-même, il est cependant permis de tirer , des actions des grands capitaines , des conclusions sur les forces qui les ont produites, et d'en former un tableau digne de la grandeur et de la majesté de l'objet que nous avons devant les yeux. Si l'étendue des connaissances était déterminée , il serait plus facile d'en trouver la mesure. Mais, comme il est question des qualités qui supposent le développement d'une force intérieure, il ne nous reste autre chose à faire que de chercher à les reconnaître par approximation.

L'histoire des guerres nous apprend , comme nous l'avons dit plus haut, que tous les grands capitaines se ressemblent. Cela ne doit pas nous surprendre, car chacun d'eux possède, dans un degré éminent les qualités qui constituent un caractère guerrier. La différence de ces caractères prend son origine dans la modification particulière de leurs facultés personnelles. Mais celles - ci , guidées par une force indépendante, se reproduisent sous l'empreinte de l'originalité, dont le vulgaire ne voit que le dehors, sans se douter de son essence et de sa source. Le génie d'un guerrier né pour commander les armées sait fertiliser d'une toute autre manière les traditions des siècles passés , en se créant à lui-même un monde nouveau, et en faisant naître des formes que l'on n'a pas encore aperçues. Voilà des conséquences qui paraissent résulter de l'antécédent, *qu'un grand général doit se former lui-même.*

Les talens , les goûts et une forte volonté commencent cette éducation, que l'exercice de la guerre seul peut accomplir. La guerre met le sentiment de la force dans le creuset de la fortune, pour l'épurer, et achever par les actions ce qui, dans la résolution, était déjà parvenu à un certain degré de maturité. De là résultent les moyens extraordinaires dans les chances de la guerre, ainsi que tout ce qu'il y a de grand dans les plans, de hardi et d'inattendu dans l'exécution, de même qu'un fonds inépuisable dans les ressources.

Les plans d'un grand capitaine ont quelque ressemblance avec cet œuf que Christophe Colomb promettait de faire tenir debout sur une table, lorsqu'on cherchait à révoquer en doute ses découvertes : plus ils sont grands, et plus ils sont simples. Nous sommes d'autant plus disposés à l'admiration qu'il y a moins de proportion entre les difficultés à vaincre et les moyens qui en viennent à bout. *Faire de grandes choses avec de petits moyens*, voilà ce qui constitue le talent des grands hommes.

Ce qu'il y a de plus louable dans les plans dérive en général de la générosité des idées. Elles ne sont jamais plus généreuses que lorsqu'il s'agit de ne pas faire la guerre seulement pour des projets d'ambition, mais pour repousser une injuste agression, pour forcer l'ennemi à faire la paix, et pour augmenter par la gloire des armes la grandeur et la prospérité de la nation. Voilà le vrai et le plus honorable but de la guerre.

Quand on a considéré les extrémités où la guerre nous réduit, l'instabilité et l'influence de la fortune, l'effet des causes secondes, l'impossibilité de prévoir l'avenir, etc., etc., il ne nous reste qu'à remettre devant les yeux l'objet capital, et à ne pas étendre les projets au delà de l'entreprise principale qu'on médite. L'exécution nous fournira les détails, et nous forcera souvent à changer de plan. Le plus grand art dans toutes les mesures provisoires consiste à gagner du temps, à profiter des hasards qui se présentent, et à renouer les fils de notre entreprise autant de fois qu'il plaît à la fortune de les couper.

L'exécution des projets nous conduit souvent à des démarches qu'on n'a pu prévoir, mais qui, pour la plupart, font pencher la balance d'un côté quelconque. Ce sont ces démarches qui forment l'anse, comme le dit le célèbre Berenhorst, par laquelle la fortune s'empare des plans des généraux pour les faire échouer ou réussir. Tout est incertain dans la guerre; de sorte qu'on ne peut pas mesurer ou calculer les événemens comme des grandeurs géométriques : le soi-disant calcul militaire n'est qu'une manière de s'exprimer ; il n'existe que dans la tête du général.

Choisir entre deux inconvéniens celui qui est le moins fâcheux, et ne vouloir jamais ou rarement entreprendre deux choses à la fois, c'est

ce qu'on peut appeler suivre la loi de la nécessité, c'est ce qui détermine la manière dont les
moyens de combattre doivent être distribués et
employés. On doit tâcher de gagner d'un côté
ce que l'on perd de l'autre. Un capitaine doué
de grands talens parvient d'abord à conserver
entre les forces de son ennemi et les siennes
un équilibre que l'ascendant de son esprit fera
bientôt disparaître, en faisant pencher la balance
de son côté.

Il se trouve toujours, en formant de grands
desseins, dans le cas de risquer beaucoup, parce
que c'est-là le seul moyen d'arriver promptement à son but. Il n'hésitera pas à hasarder
quelque chose, toutes les fois que la grandeur
du gain surpassera le désavantage qui en peut
résulter. Cette manière de procéder jette dans
l'ame de l'ennemi une sorte de terreur qui commence sa défaite; de plus, elle répand dans le
public une renommée qu'on peut regarder comme
l'avant-coureur de la victoire. Les pertes et les
sacrifices que dans ces hypothèses doivent faire
les armées, deviennent, sous de tels auspices,
de nouveaux garans de leurs succès.

Tous ces effets cessent dès que le général en
chef ne veut rien entreprendre avant de s'assurer que toutes les chances sont en sa faveur.

Cependant on ne doit pas ignorer que la fortune se plaît à seconder les desseins hardis.

Les victoires, comme les déroutes, sont moins souvent les produits de la sagesse humaine, que ceux des caprices de la fortune.

Tous les plans formés d'avance sont déconcertés, du moment où ce changement subit a lieu, en faisant place à un nouvel état de choses qui demande de nouvelles combinaisons. Le général ne peut que profiter du moment décisif, et faire des conjectures nouvelles, d'après la connaissance qu'il a du caractère de son adversaire. Combien ces combinaisons sont justes, ou combien elles sont fausses ; avec quelle fermeté on doit exécuter les nouveaux plans qui s'y rattachent ; voilà ce qui dépend du coup d'œil du général, et ce qu'il est impossible de prévoir à l'avance : il suffit de lui supposer ce coup d'œil, et qu'il soit persuadé de son indispensable nécessité.

Il y a un pressentiment sur les démarches du général ennemi ; un tact qui, par la contenance qu'il a prise dès le commencement, et par la méthode qu'il emploie dans ses manœuvres, nous fait soupçonner ce qu'il est capable d'exécuter. Cette méthode de l'ennemi est bien à remarquer, et les grands capitaines ont toujours su la juger avec sagacité et en tirer parti avec sagesse. Deux généraux qui se sont combattus long-temps apprennent ainsi peu à peu à se connaître sans se voir. Ce n'est que rarement qu'ils sentent qu'il existe un équilibre dans leurs combinaisons mentales. Celui qui est le plus faible en caractère ne regagnera jamais, par la plus grande circonspection, ce que l'ascendant moral de son adversaire, par la hardiesse de ses manœuvres, lui a ravi : telle est la grande influence de cette qualité, et l'on voit combien il importe de la posséder dans un degré éminent.

Un général fixera sans relâche les yeux sur son ennemi, et il calculera exactement ce qu'il pourra entreprendre. Pour faire avorter ces projets et les remplacer par les siens, il cherchera constamment à le prévenir. Les avantages de l'offensive lui resteront, et il les liera avec les démarches de la politique.

Prévenir l'ennemi, c'est toujours lui causer de grands embarras; il s'en ressentira d'autant plus, qu'il s'y attendait moins. C'est une espèce de surprise et d'ascendant qui lui fait craindre de plus grands événemens, en mettant sa faiblesse à découvert. Les arrangemens pris d'avance exigent le plus grand secret, et doivent être faits de manière que l'ennemi ne puisse s'en douter : tous les moyens qui ont pour but de lui faire prendre le change dépendent du général en chef.

Ce général fera donc tout ce qu'il pourra pour savoir où et de quelle manière l'ennemi a distribué ses forces ; il combinera, il comparera les différens rapports qu'il reçoit ; il distinguera ce qu'il y a de probable de ce qui ne l'est pas ; il cherchera, par sa contenance, par ses dispositions et par de faux bruits, à induire son adversaire en erreur ; il cachera surtout et de toutes les manières ses propres desseins. Il y parviendra en prenant des mesures préliminaires telles que nous les avons décrites, et particulièrement en gardant lui-même le plus profond secret. Un général qui s'est convaincu de l'importance de ce dernier article, s'abstiendra donc, autant que possible, de communiquer ses idées, pour n'en pas laisser transpirer même le soupçon. Il se les cachera, pour ainsi dire, à lui-même ; il se méfiera des murs de sa chambre ; l'art de garder un secret ne peut être porté trop loin. Les agens qu'il doit principalement employer, comme le chef de l'état-major, le commandant d'artillerie, les officiers généraux des divisions, et le directeur des subsistances, quand ce dernier doit concourir aux opérations, n'apprendront qu'au moment de l'exécution ce qu'il leur est indispensable de savoir : il faut qu'ils sachent garder le silence. Quant aux autres officiers qui entourent le général en chef, ils n'apprendront l'événement que par l'exécution : il est de la plus haute importance de tenir ainsi tout le quartier-général dans l'ordre et dans la dépendance, afin de produire l'impression dont nous avons parlé.

Quoiqu'il soit téméraire de juger toujours un général d'armée par les hommes qui l'entourent, on n'en est pas moins disposé à croire qu'un sot ne s'entoure pas de gens d'esprit, et qu'un homme habile ne se fait pas seconder par des imbéciles.

Les choix que fait un homme de mérite ne peuvent guère tomber que sur des hommes de mérite : son exemple influera sur leur conduite, et tous chercheront bientôt à se modeler sur la sienne.

La plupart des grands capitaines ont mené une vie sobre, active et laborieuse. Ils réfléchissaient beaucoup, et ils aimaient à vivre dans la solitude et avec eux-mêmes. La joie bruyante, le luxe de la bonne chère, et les délassemens de la mollesse n'appartiennent pas aux enfans de Mars; et doivent, autant que possible, être bannis d'un quartier général, qui n'est jamais

mieux tenu que lorsqu'il est tenu avec austérité.

Quand on compare avec le tableau d'un caractère guerrier tout ce que nous avons dit jusqu'ici,
on y trouvera un accord qui en effet est fondé
sur la nature de la chose. Il se peut sans doute
que les entours d'un général s'abandonnent
au tourbillon des plaisirs, tandis qu'il mène
lui-même une vie très-solitaire. Mais un quartier général où cette insouciance est le ton
dominant ; où règnent l'indiscrétion, la fa-
miliarité sans gêne, l'orgueil sans mérite, et
une représentation sans dignité ; où l'on tient
des conseils toute la journée, et où l'on peut se
distinguer par des extravagances, sans être tenu à
exécuter strictement les ordres qu'on a reçus ;
un tel quartier général ne sera guère capable de
s'illustrer par de hauts faits. L'art de garder un
secret n'y sera pas plus connu que celui d'éventer
les projets de l'ennemi.

Un capitaine qui veut s'illustrer, tient tous
ceux qui lui sont subordonnés dans un éloignement convenable, et ses entours dans une
grande dépendance. Il faut qu'ils méritent par
leur contenance guerrière l'avantage d'être près
de sa personne. Le général sait occuper suffisamment tout le monde, et surtout hors du

cabinet ceux qui sont destinés à être employés en rase campagne. Il est l'ennemi de la bureaucratie. On écrit peu chez lui, et on agit beaucoup. Il y a en effet tant d'objets de recherches et tant de choses à faire, que la polygraphie, qui ne sert qu'à divulguer les secrets, ne peut être prise par lui en considération. L'espace du théâtre de la guerre et le temps qu'il faut employer aux différens mouvemens, c'est ce que le général se réserve de préférence comme l'objet principal de ses méditations. Cependant il a besoin de connaître les localités, et il les étudie autant que le lui permettent ses occupations. Pour les connaître d'une manière plus spéciale, il a besoin des secours et des rapports des ingenieurs et des aides de camp. Mais l'esprit dans lequel se font ces rapports doit émaner de lui seul, et se transmettre à ses entours, dont l'attention la plus vive ne doit être fixée que sur la présence et sur la sphère d'activité locale de l'armée dont il s'agit dans chaque opération.

C'est avec l'opinion de son éminente destinée, telle que j'ai essayé de la décrire, qu'un capitaine animé d'un esprit guerrier va commencer ses fonctions. Ce qu'il y a de plus essentiel aux démarches préliminaires des opérations militaires, ou à l'attaque, c'est que, d'après ses vues, l'en-

nemi ne puisse connaître de quelle manière commencera cette attaque, supposé même qu'il puisse
la prévoir. Se défendre, c'est, d'après les mêmes
vues , faire en sorte qu'à la fin de la campagne
l'ennemi n'ait remporté aucun avantage. Dans
ce dernier cas, ou dans la défensive , un capitaine qui veut suivre la marche du grand Frédéric , dont le talent pour la défense n'a pas
encore été égalé, se considère , dans un certain
sens, comme isolé avec son armée sur le théâtre
de la guerre , tel qu'un pilote regarde son
vaisseau dans un orage. Celui-ci ne trouve sa
conservation et celle des siens que dans lui-
même, et dans la fermeté avec laquelle il tient le
gouvernail, en regagnant la hauteur d'où il avait
été rejeté, après avoir soutenu contre les vents
et contre les flots une lutte rigoureuse.

Rien ne peut imposer à un grand capitaine.
Il ne méprise pas , il est vrai, l'ennemi qu'il veut
attaquer ; mais il sent et il connaît ses propres
forces et celles qui sont à sa disposition. Il ne
cherche pas , en se défendant , son salut seulement dans les avantages des localités, mais dans
les obstacles que les ressources de son génie lui
font opposer à l'ennemi.

Voilà , Messieurs, à peu près l'idée que je me

suis faite de la personne d'un capitaine. C'est entre ses mains que se trouve souvent le salut ou la chute d'un État : il est donc permis de supposer qu'un tel homme doit posséder et développer des talens extraordinaires.

La route qu'il faut suivre pour cultiver ces talens n'est pas de nature à pouvoir être découverte systématiquement, ni démontrée comme un théorème de géométrie. C'est dans les dispositions naturelles du guerrier, dans l'exercice, dans la méditation, et surtout dans son caractère, que cette carte est tracée. Quand on aura réfléchi sur cette vérité, l'on sera persuadé de plus en plus que la culture scientifique, proprement dite, ne peut fournir que des ressources du second ordre pour former le caractère et les qualités d'un général, et que l'on peut en effet se passer de la prétendue *stratégie* dont nous avons parlé plus haut. Car, sans le secours des talens du général, la stratégie ne peut rien faire ; et les talens consistent, d'après ce que nous venons d'ajouter, dans des qualités qui ne peuvent pas être enseignées, et qui ne sont véritablement qu'une force ascendante, ou plutôt ce *génie* que la nature ne départ qu'à très-peu d'individus. Il est donc juste de comprendre sous le nom de *stratégie* les qua-

lités personnelles qu'un capitaine doit posséder.
Tout ce que l'on peut faire pour protéger le
développement de ces qualités (c'est-à-dire pour
parvenir à les acquérir, puisque la simple connaissance n'y suffit pas), c'est de prouver qu'un
caractère guerrier est la base et la source principale de ces qualités mêmes. La nature doit sans
doute y avoir la plus grande part ; cependant, il
est possible et même nécessaire de la seconder
en développant les forces qu'elles nous a données
à cet effet. Ceci n'est jamais plus clair qu'alors
qu'on étudie ou qu'on dépeint le caractère d'un
général, parce que celui-ci est à la tête du corps
et qu'il exerce la plus grande influence sur toutes
ses parties. Ces conséquences ne sont pas aussi
étendues, lorsqu'il s'agit du caractère d'un
guerrier de rang inférieur.

Or, comme il s'en faut de beaucoup que les
vérités dont nous avons parlé jusqu'ici soient
suffisamment prises en considération, je les recommande, Messieurs, à votre attention, en
me référant à ce que j'ai dit dans l'article de la
stratégie ; je continuerai d'examiner le caractère
du guerrier, sous un autre rapport, c'est-à-dire
sous celui d'un *subordonné*.

Si l'obéissance n'était fondée que sur la

crainte de la loi , elle causerait un sentiment, non - seulement désagréable , mais souvent insupportable. Il y a heureusement dans l'obéissance un sentiment plus honorable et plus fort que la crainte , c'est l'idée du devoir qui parvient jusqu'à dominer la volonté du subordonné, et qui peut toujours la guider. Plus cette idée est forte et motivée, plus l'on saura remplir facilement ses devoirs.

Celui qui méconnaît la vérité de ce principe, et qui n'a ni volonté ni force de caractère, cherchera au contraire à se soustraire à l'obéissance en éludant la loi. L'idée du devoir est pour lui sans effet , puisqu'il est incapable de suivre ses impulsions.

La conviction dans laquelle est un homme doué de caractère, qu'une obéissance absolue est nécessaire pour réunir plusieurs hommes dans un même esprit, afin de les faire concourir au même but , contribuera beaucoup à le guider lui - même et à déterminer par là l'opinion des autres. Ses discours et ses actions deviennent d'un bon exemple, et encouragent à l'imiter. C'est pourquoi les guerriers vieillis sous le harnois ont tant de pouvoir sur leurs jeunes compagnons d'armes. Le moindre d'entr'eux selon.

le rang devient, dans le moment du danger, le conducteur d'une troupe, et ce sont ces troupes animées par l'exemple qui enchaînent la victoire prête à échapper. C'est ainsi que la valeur héroïque s'élève dans un bataillon où la plus grande partie était encore dans l'irrésolution; car le véritable héroïsme a une force entraînante, excepté le cas malheureux où il n'y aurait dans un régiment que fort peu d'hommes susceptibles d'un tel élan. Si ce cas arrive, on doit le regarder comme un malheur sans remède. Ces guerriers manquent de la force nécessaire pour entrer en action. Le peu d'hommes qui possèdent une telle force d'ame ne peuvent rien pour la communiquer. Il est donc important d'avoir le plus qu'il est possible dans une armée, de ces ames d'une trempe forte et vigoureuse : et le vrai moyen d'en avoir beaucoup, c'est de leur inspirer de bonne heure le goût du *caractère guerrier*.

C'est de la sagesse des gouvernemens que l'on doit attendre les moyens propres à cet effet. Cependant, quelles que soient les mesures que l'on veuille prendre, elles resteront toujours sans effet, si, au lieu de les puiser dans la nature de la guerre, on s'obstine à ne considérer le guerrier que comme une machine sans volonté. Ce n'est pas que l'on doive écouter cette humanité mal fondée de nos jours, et dont nous avons fait sentir l'abus dans un de nos chapitres précédens ; il faut encore moins s'abandonner à une condescendance pleine de mollesse et contraire à toute bonne discipline : ce n'est pas là le véritable esprit de la guerre. On ne s'approchera pas davantage du but, en protégeant une plus grande culture des facultés intellectuelles. C'est uniquement et absolument en revivifiant la force morale de la volonté que l'on pourra se flatter d'accomplir le dessein dont nous parlons.

Si nos pères valaient mieux que nous, c'est qu'ils avaient une volonté plus animée et plus forte que nous ; c'est que, chez eux, la science n'occupait pas exclusivement la maison. Qu'on ne croie cependant pas que je veuille faire le procès à la science ; ce que je demande, c'est que, sans cesser de la cultiver, on s'attache un peu davantage à fortifier la volonté des hommes, pour servir de contre-poids à ces facultés intellectuelles qui ne tendent qu'à les amollir.

Nos ancêtres possédaient, pour ranimer la volonté, une chose qui nous manque : je veux dire le pouvoir des convictions religieuses. Celles-là ont perdu leur poids. Cependant l'on ne saurait disconvenir que c'est de là que les hommes tiraient jadis leurs plus grandes forces. Archimède disait : « Qu'on me donne un point fixe hors de la terre, et je ferai sortir le globe de ses gonds. » Cette parabole peut servir à prouver que celui qui est guidé par des idées religieuses a trouvé le levier d'Archimède, d'où, relativement à lui, il peut se mettre au-dessus de toutes les frivolités et de tous les biens de ce monde. Il n'y a pas de moyen plus puissant pour parvenir à une force de volonté supérieure à tous les événemens.

Nous ne déterminerons pas de quelles ressources l'on doit se servir pour suivre ce précepte. Il suffit de se persuader de la vérité du principe, et que cette vérité mérite la plus grande attention.

Une armée qui n'est en aucune manière pervertie par la mollesse, ni privée de nerf, pourra être gouvernée beaucoup plus facilement selon les lois de la subordination et de la discipline. La force de caractère renferme l'idée vivante du devoir pour entrer en action, et c'est d'elle qu'émanent la discipline et la subordination.

Ces deux objets font la base de tout ordre dans lequel on doit maintenir une armée, et ne sauraient être assez pris en considération, surtout dans le siècle où nous vivons. Sans discipline et sans subordination, une armée est perdue; avec elles, cette armée, quand elle est bien conduite, peut faire des prodiges.

Si cela est incontestable, et si l'on considère que toute subordination se trouve dans un rapport immédiat avec la guerre, où le guerrier doit être capable de faire abstraction de toute personnalité et de toutes relations avec la société pour faire son devoir, et compter pour rien son existence même; on en conclura que cette disposition de l'âme ne peut avoir lieu sans être appuyée sur un motif assez fort pour gouverner les forces morales. Celles-ci doivent être encore plus animées dans un officier qui commande en second, parce qu'il doit par son exemple influencer ses subordonnés. Donc, si la subordination et la discipline ne sont que les suites d'une contrainte, et non d'une conviction intime dominée par une forte volonté, elles se décomposeront aussitôt que la contrainte cessera, c'est-à-dire que, dans le tumulte d'un combat et partout où le pouvoir des

lois ne peut plus s'étendre, il n'y aura ni subordination ni discipline.

Ces observations font voir assez distinctement
les principes sur lesquel le caractère des subordonnés doit être fondé. Un guerrier qui a
pénétré cette matière dans ce sens, aura l'avantage d'être d'accord avec lui-même, et de répandre l'idée du devoir sur toutes ses pensées
et sur toutes ses actions. Il gagnera une tenue
de caractère qui le rendra, non-seulement capable d'exercer noblement son emploi, mais
qui lui vaudra l'estime de ses supérieurs, s'ils
ont quelque sentiment de justice. Les subordonnés, doués de ces qualités, méritent en effet
d'être traités d'une manière plus distinguée, sans
qu'elle dégénère en une molle condescendance ;
il faut, au contraire, qu'en leur rendant
une justice entière, l'on reconnaisse par le fait
leur mérite.

Le caractère belliqueux d'un vieux guerrier
est un phénomène digne d'être observé. Il n'y
a pas de relations, où le sentiment du devoir
puisse être mis au jour d'une manière plus noble
que dans la personne de celui qui se dévoue à
la mort pour satisfaire à ce devoir même, et qui
engage sa vie pour la regagner avec honneur.

Un vieux guerrier, blanchi sous les armes, dont la vie entière porte l'empreinte d'un caractère guerrier, et qui, à la fin de sa carrière, meurt pour sa patrie d'une mort glorieuse : voilà ce qui est et ce qui sera toujours la plus grande preuve de la force de la volonté. Tout le monde sent cette vérité, et l'admiration que nous conservons pour les héros de l'antiquité ne se fonde que sur la reconnaissance de cette force de l'ame dont l'homme même le plus faible a du moins quelque pressentiment. Il n'est donc pas concevable qu'on ait pu la négliger jusqu'à ce moment.

La conscience intime de pouvoir remplir son devoir, met le subordonné, pour ce qui le regarde spécialement, dans un rapport convenable avec ses supérieurs. Il comprend qu'il est nécessaire qu'il existe un commandant, et il est également éloigné de cet esprit d'esclavage qui rend l'homme si bas, et toujours tremblant devant un maître. Il s'abstient d'épier, pour ses intérêts, les faiblesses de ses supérieurs ; il hésite encore davantage à répandre clandestinement ce qu'il a découvert par surprise. Il sait trop bien qu'une telle conduite est ignoble : c'est une espèce d'assassinat, puisque celui qui est absent ne peut se défendre.

Cet infâme espionage répandu dans une armée est
un mal semblable au cancer qui ronge un corps
vivant ; il ronge ce qu'il y a de plus précieux
pour un capitaine, en détruisant la confiance
qu'on doit avoir en lui. On ne peut prévenir
ce danger que par des actions éclatantes, car
il est impossible d'assujettir la conscience des
hommes aux règles de la subordination. Cependant, une armée dans laquelle règne encore
un esprit belliqueux sera moins tentée de se
livrer à ce double esprit de censure et de com-
mérage, lors même que son général ne serait
pas doué de talens supérieurs. C'est donc un
très-mauvais signe, quand les subordonnés
n'observent les faiblesses de leurs supérieurs
que pour les rendre ridicules ; on peut croire
dès lors que les uns et les autres sont extrêmement dégénérés de la vertu de leurs ancêtres.

Le guerrier qui réunit le caractère à l'instruction sent qu'il est plus difficile de commander
que d'obéir. Il comprend qu'il est des momens
où le commandant doit donner des ordres sou-
dains et inattendus, tandis que lui, subordonné,
a toujours le loisir d'en faire la critique. Mais
il s'attache à l'idée du devoir, il a de la patience
avec les autres, parce qu'il a du pouvoir sur
lui-même ; et il est, par cette raison, capable

d'exécuter un ordre, alors même que cet ordre se trouve en opposition avec sa conviction (1). Aucune science de la guerre n'enseigne ce grand art, quoique très-nécessaire.

Lorsque les circonstances le permettent, un subordonné, tel que nous le supposons, peut se permettre de faire des représentations à son supérieur, mais ce ne sera jamais ni en public ni avec un zèle indiscret. Il garde au contraire, et dans la plupart des cas, son opinion, et il ne l'expose que quand il est sommé de l'énoncer. Il connaît toute la difficulté qu'il y a de donner des conseils; et, s'il est obligé de communiquer sa pensée, il commencera par se mettre à la place de celui qui en demande la communication, afin de ne dire précisément que ce qu'il est raisonnable et possible de faire, dans la circonstance donnée, et d'après le caractère connu de celui qui commande. Ce n'est pas toujours le conseil le plus généreux qui doit prévaloir; c'est celui qui est le mieux adapté aux moyens dont on peut dispo-

---

(1) C'est-à-dire, en contradiction avec la conviction de la nécessité d'un ordre, relativement à l'affaire dont il est question. Autre chose est un ordre contre l'honneur et la conscience, comme cela s'entend de soi-même.

ser, et aux lumières ainsi qu'au caractère de l'homme qui doit le mettre en exécution.

Un guerrier qui a des vues sages ne se permettra jamais de s'écarter en aucune manière de l'ordre qu'il a reçu : il s'efforcera en revanche d'en pénétrer le sens et l'esprit, pour s'y conformer dans ses moyens et dans son objet. C'est ce que l'on peut et ce que l'on devrait même exiger de chaque subordonné, puisque le militaire ne doit pas toujours s'attacher au pied de la lettre, ou à une forme quelconque, mais bien à l'esprit de la chose (1).

Un subordonné sera d'autant plus capable d'exécuter un ordre conformément à l'intention de ses supérieurs, que son caractère se rapprochera davantage du caractère guerrier que je veux établir et préconiser. Une armée, dont la majeure partie des individus est animée d'une

---

(1) Il est vrai que celui qui veut expliquer le sens littéral d'un ordre, peut se tromper, en ne comprenant pas la véritable intention de son chef; mais ceci n'exclut point une obéissance sans restriction. Vouloir expliquer arbitrairement un ordre, c'est commettre une faute aussi grave que d'en mal exécuter le sens littéral. Il est donc du devoir d'un subordonné d'éviter ces deux inconvéniens, et d'agir selon ses lumières pour parvenir au but.

telle force de volonté, remportera plus aisément la victoire, et, par des efforts supérieurs à ceux de l'ennemi, elle donnera à son général plus de moyens d'exécuter ses desseins avec succès. La bravoure, qui est un essor immédiat de ce caractère belliqueux, sera maîtrisée par la discipline, et se rendra par là plus formidable à l'ennemi. Tout ce que nous venons de dire renferme des vérités fondées sur l'expérience, et prouvées par l'histoire de toutes les guerres. C'est par une telle valeur et par une telle énergie, soutenues de la discipline, que, dans le tumulte d'une bataille, et dans le cours des combats les plus meurtriers, il est possible d'exécuter des manœuvres difficiles, que d'autres troupes, moins animées par cet esprit, ne pourraient faire que sur une place d'armes.

Les soldats qui sont braves ne prêtent jamais une oreille plus attentive à la voix de leur chef, que quand il s'agit de faire paraître aux yeux de l'ennemi cette force manouvrière à laquelle ils sont habitués. Ils restent par l'habitude dans leurs rangs, et ils agissent, d'après un sentiment intime, quoique obscur, de leur force intrinsèque. Nous les voyons fièrement s'ébranler contre l'ennemi, et conserver une présence d'esprit plus long-temps que leurs adversaires plus faibles en valeur héroïque. Il y a déjà une tiraillerie confuse de la part de l'ennemi, tandis que nos guerriers lui envoient leurs balles par des salves entières, qui répandent la terreur dans ses rangs. Certes, celui qui est le plus vaillant résistera plus long-temps au désordre, au moment où le bruit, la fumée et la poussière feront cesser toute règle ; et voilà le point décisif dont dépend le sort de la journée. Ces efforts, naturellement inséparables d'un caractère guerrier, ne peuvent avoir lieu sans lui, et prouvent que, sans eux, tous les préceptes de la tactique resteront sans fruits. On a fort souvent allégué l'assertion dont nous avons fait mention, que l'on ne doit pas considérer le soldat comme une machine sans volonté ; mais il s'en faut beaucoup qu'on en ait suffisamment apprécié le principe fondamental, qui consiste à lui inspirer une volonté forte et conforme à sa destinée.

C'est par cette force de volonté que les guerriers du dix-huitième siècle furent quelquefois enthousiasmés jusqu'à l'héroïsme. Le simple soldat, sans perspective d'avancement ni de grandes récompenses, allait se sacrifier d'une manière qui serait incompréhensible, si on ne l'attribuait à cette force d'ame qu'on sut développer

de bonne heure en lui. Ce développement s'effec-
tua, soit par la manière de penser du temps,
qui, conformément aux circonstances, favorisait
l'idée du devoir, soit par des causes accidentelles
et par l'impression non préméditée que firent à
la tête de leurs armées des capitaines doués d'un
caractère belliqueux et de grandes qualités. La
force développée dans l'ame de l'un de ces guerriers aida à développer celle d'un autre, et l'exemple fit naître des forces en les multipliant. Une
troupe de recrues combattait souvent avec une
valeur surprenante, et un guerrier mutilé disait
sur le champ de bataille à ses compagnons d'armes
des mots d'inspiration capables de les enflam-
mer. Il y a une infinité d'exemples de ces anciens
guerriers, qu'on voudrait aujourd'hui nous faire
regarder comme des automates, ou tout au plus
comme des esclaves.

Supposé cependant que beaucoup d'entr'eux
eussent mérité cette injure, on ne peut disconvenir que ce n'était pas leur faute, parce que
personne ne s'intéressait à eux, et que l'espé-
rance de mériter une distinction extraordinaire,
qu'on présente aujourd'hui à nos guerriers,
n'existait pas alors pour le simple soldat ni pour
les grades inférieurs. Ils montraient cependant,
malgré ces circonstances défavorables, un dé-

vouement et une force que ne montrent pas toujours ceux qui les ont remplacés.

Il est vrai qu'à cette époque on avait pour moyen la contrainte ; mais que peut la contrainte quand l'instinct de la conservation commande et dégénère en lâcheté. Dans ce cas tous les moyens de contrainte n'arrêteraient pas une troupe prête à se débander, s'il n'y en avait pas d'autres qui peuvent être tirés immédiatement de la volonté de l'homme ; car la discipline la plus sévère est incapable de le contraindre à une chose qui est au-dessus de ses forces, et encore plus de l'encourager à des actions au-dessus de son devoir. L'ancienne maxime des Prussiens, que le soldat devait plus craindre son officier et la punition que les balles de l'ennemi, est bonne, révolutionnairement parlant, parce qu'elle suppose dans la classe inférieure des guerriers une force de volonté supérieure à ces moyens de contrainte que, dans les momens décisifs, le supérieur exerce sur ses inférieurs.

Avec des troupes animées de cet esprit, et qui, au champ de bataille, savaient exécuter les évolutions les plus difficiles avec la précision la plus étonnante ; avec des troupes capables de s'exposer de sang froid au feu de l'ennemi sans tirer un coup de fusil dès que cela leur était défendu, avec de telles troupes un général pouvait faire des prodiges. Ce qui prouve la vérité de notre assertion, c'est l'expérience, c'est que le fait a eu lieu : on ne peut donc se refuser à le croire, lors même qu'on serait convaincu des influences du hasard sur les victoires. Il faut cependant avouer que là où il s'agit de bravoure, cette vertu, plus active dans une des deux armées qui sont aux prises, aura une prépondérance décisive sur l'autre. Le principe sur lequel cette vertu est fondée ne saurait prendre son origine dans les moyens de crainte, mais bien dans la force de la volonté, supposé même, comme cela peut arriver, que cette force puisse être accrue par la contrainte.

On peut objecter, il est vrai, que les hommes, tels qu'ils sortent des mains de la nature, et quand ils sont encore sans culture, seront plus braves que ceux qui sont un peu plus policés, et que les premiers font par une certaine stupeur de sentiment ce qu'ils paraissent faire avec l'énergie du courage. Mais l'on ne peut pas croire que les hommes du dix-huitième siècle aient été aussi barbares et aussi avilis, sans leur faire tort et sans oublier les exemples de véritable héroïsme qu'ils ont souvent donnés. Ils connaissaient au

contraire, et fort bien, les dangers de leur situation, et les moyens de s'en garantir.

Admettons cependant qu'ils fussent moins
instruits que nous, ce qui est possible, au moins
dans le grand art de l'analyse, et dans celui d'a-
mollir les mœurs; qu'est-ce que cela prouverait?
— Rien, sinon qu'il faut faire plus d'efforts pour
remplacer le défaut d'instruction par la force
de la volonté, et la nature brute par la nature
ennoblie. Si cela n'était pas possible, l'on serait
privé d'une qualité essentielle dans les hommes,
sans prévoir la possibilité d'un dédommagement.
Mais cela n'est pas.

Il y a un moyen par lequel un caractère belliqueux se développe beaucoup mieux, et qui
l'emporte sur tous les artifices de la persuasion;
c'est la guerre elle-même. La guerre perfectionne les armées; la paix les énerve. Une arme
dont on se sert tous les jours reste en bon état,
tandis que celle qu'on délaisse, appendue dans
l'arsenal, se rouille. La guerre purge une armée
de ses parties ignobles, et elle place, pour ainsi
dire, les hommes, non pas selon la faveur et le
caprice de la fortune et du destin, mais d'après leur
valeur réelle. Cette valeur dépend, dans la guerre,
de la force des facultés dont nous parlons. La

situation où les hommes se trouvent les force
alors à parvenir par le fait à une distinction quelconque, au lieu qu'on peut acquérir cette distinction en temps de paix par de vains discours, de
vaines jactances, de petits moyens de services
et d'adulation, dont les mauvais sujets sont toujours plus capables que les hommes généreux
et les guerriers d'un caractère belliqueux. A la
guerre, l'homme paraît ce qu'il est, et obtient
quelquefois la place due à son mérite.

C'est pourquoi les armées qui ont fait long-
temps la guerre se trouvent animées, soit partiellement, soit collectivement, d'une toute autre
force que celle qu'ils auraient puisée dans la paix.
L'impression qu'elles font sur leurs concitoyens
est bien différente de celle que peuvent produire
les revues et toute la pompe militaire qu'on déploie dans les temps de paix... Voyez l'impression que fait une armée qui rentre dans ses
foyers, couronnée de la victoire, et à qui la patrie
doit peut-être sa conservation, et au moins sa
gloire actuelle. Chaque guerrier qui a sa part
de gloire est aussi traité avec une haute considération et des égards qui tiennent de la déférence et du respect qu'on doit aux héros.
L'opinion publique est montée à un point où
la sagesse du gouvernement peut la fixer long-

temps. De nouvelles guerres doivent la rétablir, quand on l'a perdue de vue.

Le guerrier de son côté portera peut-être dans les habitudes de la société une certaine empreinte de rudesse, qu'il faut bien se résoudre à lui pardonner; car, s'il est difficile de déterminer la véritable mesure des talens agréables, il ne l'est pas moins de savoir le point juste où doit finir l'austérité guerrière, et où commence la brutalité. S'il s'agissait de se décider entre une politesse trop raffinée et une sorte de rusticité guerrière, j'avoue, en bon soldat, que je donnerais la préférence à la dernière de ces deux qualités. Mais cette alternative n'est pas nécessaire; et rien n'empêche qu'un brave militaire ne soit en même temps un homme très-civilisé. Malheureusement la plupart des hommes ne savent que rarement tenir un juste milieu. C'est pourquoi les nations très-polies deviennent anti-belliqueuses, et les nations belliqueuses deviennent ou restent rarement très-polies.

Si l'on doit considérer une armée comme une machine dont l'usage décide l'utilité, et qu'un emploi sage peut perfectionner relativement à l'esprit qui l'anime, il sera facile de comprendre que toutes les facultés des individus, dont cette armée est composée, peuvent à la vérité y concourir, mais qu'elles n'ont cependant de véritable valeur que par l'esprit général qui les dirige. La culture des sciences n'est donc importante, pour un militaire subordonné, qu'en proportion de l'influence qu'elle exerce sur son caractère. L'on peut fort bien exécuter un ordre précis sans avoir de grandes lumières, comme on peut avoir des lumières très-étendues, et rester toute sa vie un praticien fort médiocre. Il est vrai que l'importance de l'exécution est toujours relative au rang qu'occupe celui qui en est chargé; mais c'est la volonté, et non le savoir, qui décide par excellence de la plupart des cas, et surtout dans les classes inférieures. Il paraît donc convenable qu'un guerrier possède au moins le degré de savoir qu'exige la place qu'il occupe, et qu'il ne se charge que des commissions qu'il peut remplir avec autant de fidélité que d'intelligence.

Il résulte, des réflexions précédentes, que, pour répondre à la confiance de leurs chefs, les subordonnés doivent acquérir les connaissances requises pour conduire une troupe quelconque, et, à cet effet, commencer par acquérir cette force intérieure de volonté, dont nous n'avons parlé si souvent que parce que nous la croyons le grand ressort des vertus guerrières.

Tant qu'ils n'auront pas cette première qualité, leur science même peut devenir nuisible au service ; car on confie souvent à l'homme qui sait beaucoup, une commission qu'un autre moins instruit aurait beaucoup mieux remplie. Dans ce cas-là, le succès répond rarement à l'attente qu'on s'en était promise, et la faute a des suites proportionnées à l'importance de l'affaire.

Celui qui, avec moins de science, est doué d'une volonté plus forte, peut, il est vrai, manquer le but qu'il s'est proposé d'atteindre ; mais il a su prendre au moins une résolution, et cette résolution est souvent couronnée du succès.

Mais que faire d'un homme irrésolu ? Quel succès peut-on attendre de celui qui ne sait pas se décider, ou qui se décide toujours trop tard ? Tel est l'homme qui, avec des lumières et de l'instruction, est dénué de l'énergie nécessaire à l'exécution. Ses lumières lui représenteront toutes les difficultés imaginables ; elles lui découvriront même le moyen de les vaincre : mais, incapable de se décider, dans ce long examen il laissera écouler le temps propice à l'action. Il a prévu tout, excepté le moment d'agir ; et, comme tous les hommes sans caractère, il dira tout ce qu'il fallait faire, et ne fera jamais rien d'utile à l'État, ni d'honorable pour lui-même.

Il est donc vrai de dire qu'un tel homme a trop de connaissances pour son caractère, ou trop peu de caractère pour ses connaissances : avec moins de lumières, il eût peut-être agi plus promptement et plus efficacement. Ses lumières, en le rendant trop difficile sur le choix des moyens, l'ont rendu faible, irrésolu et nul.

Il serait bon, il serait nécessaire de ne jamais confier d'expéditions, au moins de celles qui ont de l'importance, à des hommes qui se trouvent dans cette malheureuse disposition d'esprit; mais c'est une attention qu'on n'a pas toujours, ou que, par de frivoles considérations, on ne veut pas avoir. Voilà pourquoi les fautes s'entassent les unes sur les autres ; voilà pourquoi nous entendons tant de plaintes qui portent, les unes sur la légèreté des ordres, les autres sur le défaut d'obéissance.

N'est-il pas singulier que, malgré ces vérités, l'on attache un si haut prix au savoir seul, et qu'on oublie toujours de s'informer si celui qui possède ces connaissances tant préconisées est capable de remplir avec courage les missions dont il est chargé? Le savoir est aujourd'hui mis avant tout et tient lieu de tout, comme si la faculté d'agir, ou autrement, la force de la volonté, était trop commune pour être remarquée.

Un officier d'infanterie étudie la stratégie et l

tactique, et oublie, à force d'étudier, que l'expérience dans les manœuvres, la faculté de pouvoir charger le fusil avec vitesse, de savoir bien
tirer, et d'avoir et de montrer une contenance
ferme, sont des choses essentielles pour de bonnes
troupes. L'officier de cavalerie déraisonne sur
l'impétuosité du choc, de *l'hypomochlion* de
l'épée, en étudiant de même la stratégie dans
l'ouvrage de M. Drumond de Melfort et dans
d'autres écrits qui traitent de son arme; mais il
oublie que la hardiesse avec laquelle on sait
monter à cheval est inséparable de la bravoure,
et que le plus grand ordre et la plus grande célérité dans les mouvemens de la cavalerie font la
base de toutes ses manœuvres; enfin que c'est
de lui, comme chef et comme cavalier, qu'on
exige de plus grandes connaissances pratiques.
L'officier d'artillerie étudie les courbes que décrivent les bombes, ainsi que tout ce qui a rapport à son métier comme science, et il oublie
que l'emplacement pratique des bouches à feu,
l'art de pouvoir les manier, et celui de tirer bien
et vite, est le véritable talent de cette arme.
Cependant, ces opinions de nos contemporains,
cet empressement qu'ils ont pour l'étude, et
cette soif du savoir, méritent des éloges, et ne
demandent que d'être dirigés d'une autre ma-

nière. Cela viendra (1); et alors le bien qui en résultera sera d'autant mieux senti, qu'il en aura coûté plus cher pour le connaître et le payer : c'est après une maladie qu'on sent mieux le prix de la santé.

Dès que l'on sera parvenu à ce but, et que des armées ou des nations auront perfectionné leurs forces morales et se seront approprié un caractère belliqueux, en même temps et au même degré que se trouvent aujourd'hui les forces intellectuelles, ces armées seront infiniment supérieures à celles qui, quoique fortes du même nombre de combattans et aussi-bien conduites que les premières, seraient privées de ces qualités. Or, comme l'équilibre des forces morales dont nous parlons ne sera ja-

---

(1) Qu'on ne croie cependant pas que l'auteur ait voulu donner dans son Ouvrage une telle direction; ce serait lui faire trop d'honneur. Dans des affaires comme celle-ci, il n'est pas tenté de s'en prévaloir, attendu qu'il n'appartient pas à la génération du dix-neuvième siècle : celle-ci croit pouvoir faire tout ce qu'elle apprend dans les livres. Le changement de direction dont nous parlons résultera plutôt des événemens mêmes; car l'expérience est un maître qui n'instruit pas par des paroles, mais par des actions, et qui néglige toute urbanité et toute la politesse moderne.

mais parfait entre deux armées ennemies, quoique également commandées par de grands capitaines, on ne peut pas supposer qu'il arrive jamais une époque où deux nations également instruites, également puissantes, se fassent la guerre uniquement pour se tâter et contre-balancer leurs forces. Mais celle des deux nations qui aura fait le plus de progrès dans le développement simultané des siennes, ayant des capitaines vraiment belliqueux à la tête d'armées belliqueuses, obtiendra tôt ou tard une supériorité décidée sur l'autre, et conservera cette supériorité tant qu'elle sera animée du même esprit. C'est par ce moyen que, suivant le beau vers de Voltaire,

Chaque peuple à son tour a brillé sur la terre.

Ainsi, nous n'avons pas entrepris une chose inutile, en discutant l'influence d'un caractère guerrier, soit pour ce qui regarde le commandement, soit pour ce qui concerne l'intérieur des armées. Il serait à désirer que la conviction de cette influence fût gravée en caractères de feu dans toutes les ames. Je serais fier, Messieurs, de vous en avoir au moins communiqué la pensée, plus fier de vous faire partager mon opinion. Mais je serai satisfait, si un seul de mes lecteurs m'a parfaitement compris. Une vérité découverte, ne peut plus rentrer dans l'oubli.

Nous approchons insensiblement du terme de nos travaux. Nous avons considéré le caractère guerrier en soi et dans ses effets ; nous allons maintenant considérer l'influence qu'il exerce sur le salut des États, et faire remarquer les avantages que la génération actuelle peut en retirer. C'est par là que je veux terminer mon ouvrage. Il est vrai que ces deux effets résultent en quelque manière de ce que nous avons déjà dit. Il est facile de comprendre que des guerres qu'on ne peut éviter, sont toujours nuisibles à la prospérité d'un état, et désastreuses quand elles ont une malheureuse issue ; cependant il reste à examiner plusieurs questions qui se rapportent à notre sujet, et que nous ne pouvons, pour d'autres raisons, passer sous silence.

La prospérité d'un État repose sur celle de ses habitans. Tous les gouvernemens ont énoncé ce principe en cherchant à protéger de toute manière la prospérité générale, et par là celle des individus ; mais, comme les États existent les uns près des autres, ils s'entravent dans le but que leurs gouvernemens respectifs se sont proposé d'atteindre. De là vient l'impossibilité de perfectionner, jusqu'à un certain point, tout le génie d'une nation. De même que chaque individu, en voulant développer toutes ses facultés naturelles, se trouve souvent entravé par les devoirs qu'il a contractés comme citoyen ; de même les États se trouvent souvent arrêtés dans l'essor qu'ils pourraient prendre (1), par les relations qu'ils sont obligés de conserver avec leurs voisins ; car ceux-ci ne peuvent fonder leur prospérité au dehors que sur les forces et les facultés qu'ils possèdent relativement. La prospérité extérieure, l'existence et l'indépendance, voilà les premières conditions de tout contrat social.

Il y eut un temps où l'équilibre de l'Europe était fixé ; mais cette situation cessa, et il fallut de grands efforts pour la rétablir. Cependant, comme la prospérité des peuples exige qu'ils soient indépendans, la loi de la conservation de soi-même ordonne impérieusement de rechercher tous les moyens de consolider la base sur laquelle est fondée l'existence même des États.

Cela ne dépend pas seulement de la direction

---

(1) *Voyez* J. J. Rousseau.

qu'on peut donner à l'opinion publique ; mais bien plutôt de celle qu'on a fait prendre au caractère national. Une nation, dont le caractère est établi sur l'intime conviction de ses forces et de son indépendance, a déjà fait un grand pas, pour assurer celle-ci sur des bases solides.

S'il est du devoir de tout gouvernement de penser à la conservation de l'État, il est de son intérêt d'en chercher tous les moyens. Ce sont quelques-uns de ceux dont nous avons parlé dans la première partie de cet ouvrage, les autres doivent être puisés dans la force de la volonté de la nation. Cette volonté est importante pour toutes les institutions que nous avons parcourues, et conduit à des vues nationales, dans tout ce qui regarde les intérêts du peuple. L'opinion publique peut perdre toute son influence, quand une nation se trouve dans un état de dépérissement. Mais le caractère national, fondé sur la force de la volonté, s'oppose à cette dégradation, ou il cesse de mériter ce nom. Or, comme la sûreté de l'existence exige absolument des moyens guerriers, elle sera d'autant mieux consolidée, que la nation aura acquis un caractère plus belliqueux.

La qualité qui désigne l'indépendance per-

sonnelle et qu'on est convenu d'appeler CARAC-
TÈRE, sans lui attribuer d'autre propriété, est déjà
bien estimable quand elle se trouve répandue
dans toute une nation. Elle suppose des sentimens élevés, des principes arrêtés, et une suite
dans les idées et dans les actions. Un peuple doué
de cette qualité est capable de poursuivre inva-
riablement un projet. Cependant ces principes,
relativement au salut de l'État, peuvent être fort
différens entr'eux, ainsi que les manières de
voir et d'agir à l'égard de ce même objet. Mais
quand des idées sur les besoins et sur les objets
de la guerre sont épurées, et qu'elles entrent
insensiblement dans les opinions de la multitude
qui a déjà du caractère ; alors cette différence
commence à diminuer, et il y a plus d'unité
dans les efforts communs. C'est ainsi qu'on peut
se faire une idée du caractère d'un peuple belliqueux pris dans un développement que la fortune de la guerre et la sagesse des souverains
ont su produire (1).

---

(1) « Quoique les États aient en général un même
objet, qui est celui de se maintenir, chaque État en a
pourtant un qui lui est particulier. L'agrandissement
était l'objet de Rome ; la guerre celui de Lacédémone ;
la religion, celui des lois judaïques ; le commerce, celui

Une telle nation, fût-elle parvenue au point le plus élevé de sa civilisation, conservera une certaine gravité de mœurs favorable au développement de sa force et de sa volonté. Cette nation pourra, par ce moyen, se garantir de la perte de son génie national, perte à laquelle sont exposées toutes les nations dont les mœurs sont trop raffinées. Car, tant que les forces morales d'un peuple ne sont pas tout-à-fait dégénérées, il est toujours possible de les concentrer pour la conservation de la patrie. Ce peuple ne se soumettra pas volontairement au joug de l'esclavage. Il ne se défendra pas avec désespoir, mais il saura rallier ses forces avec réflexion, et les déployer avec énergie. On n'a pas encore trouvé le moyen de résister aux efforts d'une nation qui veut efficacement conserver son indépendance.

---

de Marseille; la tranquillité publique, celui des lois de la Chine (objet naturel d'un État qui n'a point d'ennemis au dehors, ou qui croit les avoir arrêtés par des barrières); la navigation, celui des lois des Rhodiens; la liberté naturelle, l'objet de la police des sauvages; les délices du prince, celui des États despotiques; sa gloire et celle de l'État, celui des monarchies, etc. »

Montesquieu, *Esprit des Lois*, t. I, *force défensive des États*, et suiv. *de l'objet des États divers.*

L'on peut opter entre différentes routes pour conserver cette indépendance ; et la manière et les circonstances par lesquelles l'énergie d'une nation se déploie, peuvent également être fort différentes. Cependant on peut croire qu'un peuple qui, en développant de grandes forces morales, est parvenu à une énergie de volonté qui lui est particulière, sera capable de la soutenir avec la plus grande vigueur. Lors même que cette réflexion paraîtrait hasardée, elle mérite quelque attention : il est à désirer qu'elle devienne l'objet des méditations des peuples et des gouvernemens.

Une nation qui possède un caractère guerrier vaincra non-seulement des nations moins guerrières, mais ne pourra que difficilement être subjuguée, lors même que sa résistance manquerait d'unité, ou qu'elle fût mal conduite. Cette vérité, attestée par l'histoire, mérite encore toute votre attention. Un peuple qui n'est belliqueux que parce qu'il a à sa tête un souverain belliqueux, et qui, sans avoir un caractère guerrier, fait néanmoins de grandes conquêtes ; ce peuple tombera, dès qu'il sera privé de son conducteur, et qu'il sera réduit à se défendre avec ses propres forces contre les nations voisines que sa turbulence momentanée aura réveillée de leur léthargie morale.

La décadence d'un peuple qui n'a pas à lutter contre des forces physiques supérieures aux siennes est une suite de la faiblesse de sa volonté et de celle de son caractère. La force de caractère d'un peuple belliqueux est évidemment le remède de cette maladie. Un peuple étroitement lié par des efforts communs, pour atteindre le même but, brave tous ses ennemis; des citoyens belliqueux ne peuvent avoir en vue que le salut de la patrie, que chaque guerre compromet. Le commerce et l'agriculture seuls, quoique protégeant immédiatement la prospérité nationale, peuvent restreindre l'intérêt de ceux qui s'en occupent, à leur propre fortune, opposée trop souvent à l'intérêt général. Mais chez un peuple guerrier, l'intérêt particulier est toujours mis en seconde ligne.

L'amour de la patrie, cette grande et éminente vertu, est donc sans contredit dépendante du degré de caractère guerrier que déploie une nation. Cet amour suppose une magnanimité opposée à toute faiblesse, à la poltronnerie, à l'égoïsme et à la mollesse. Qu'on lise l'histoire pour s'en convaincre, et qu'on se réchauffe à son feu sacré, l'on trouvera que le patriotisme émane d'une force de volonté, à laquelle ne saurait nous élever la seule raison. Une nation toute entière peut être susceptible de cet héroïsme, tandis que l'ambition seule ne peut l'inspirer qu'à très-peu d'individus. La part intime que l'on prend au salut du pays où l'on est né, la préférence exclusive qu'un sauvage même donne aux landes et aux déserts de sa patrie ; voilà des phénomènes singuliers que l'on peut mieux sentir qu'exprimer. Mais l'enthousiasme que le sentiment fait naître, n'est point une folie ; ce n'est pas ainsi qu'on peut et qu'on doit l'appeler. Le salut de tous repose sur ce noble sentiment, il est le protecteur de l'indépendance des nations, il est la source de leur prospérité. C'est de lui qu'émane cet héroïsme capable de se dévouer à la mort ; c'est lui que nous admirons depuis l'époque des Thermopyles jusqu'à nos jours. C'est lui qui inspire une force d'ame à laquelle tous les sacrifices sont faciles, et qui fait de l'amour de la patrie une passion supérieure à toutes les autres. Que Décius soit notre auguste modèle, lui qui se précipita dans un gouffre, sans penser aux éloges de la postérité ! . . . Mais l'action la plus héroïque n'en a pas besoin. Elle brille d'elle-même, et parvient dans tout son éclat à la connaissance des siècles les plus reculés, tandis que celui qui calcule la gloire et la fortune sur les petits intérêts de son ambition personnelle aura peine à se survivre à lui-même. Celui-là ignore qu'il y a un feu intérieur allumé par la force de la volonté , qui élève les grands hommes au-dessus de tout calcul et de toute mesure. Alors ils sont capables de faire des actions qu'ils ne sauraient comprendre. Ceci est fort naturel.

Si donc il est vrai, s'il est démontré que l'enthousiasme et le patriotisme d'un individu résultent du développement des forces et d'un caractère dévoué à la patrie, on peut en conclure que dans une nation l'amour de la patrie dépend de ce développement même. Il est donc nécessaire à l'existence d'un État, de favoriser de toutes manières un développement dont les effets sont si profitables.

Ce qu'il y a de plus essentiel à faire , c'est de chercher à répandre des idées justes sur la guerre. Nous en avons fait mention au commencement de la première section de la première partie de cet ouvrage. Nous ajouterons ici que c'est des écoles et de l'instruction publique en général que doit émaner cette mesure , qui mérite une attention toute particulière , puisqu'elle doit faire partie de l'éducation nationale. Celle-ci

a toujours été l'objet des méditations des hommes
d'Etat, puisqu'elle assure l'existence d'un peuple
dans sa postérité. Il y a cependant des gens qui
ne peuvent pas se convaincre que cette affaire
soit aussi importante, et il y en a même qui
croient qu'il est inutile de prendre d'avance
des arrangemens dont l'utilité paraît être éloignée. Mais c'est une opinion aussi fausse que
dangereuse. Car l'utilité de l'instruction publique se renouvelle tous les jours, et ne peut
être niée que par des sauvages. Les jeunes gens de
quinze ans, par exemple, qui ont reçu cette
instruction, seront capables à l'âge de vingt ans
de défendre la patrie, et pourront faire dès lors
usage des connaissances qu'ils ont acquises. Et
si les mesures que l'on a prises sont adaptées
au but et surveillées avec soin, le commun des
hommes pourra rectifier par l'instruction publique les anciennes idées qu'on avait sur la
guerre.

Il faut donc, dans un État qui, par cette méthode, veut veiller à son salut, établir, indépendamment des instructions que l'on donne dans
les écoles élémentaires, où il ne s'agit que des
premières notions, des chaires publiques dans
les universités, qui ne soient pas exclusivement
consacrées à la science ou à l'art de la guerre,

mais à rectifier l'idée qu'on s'est formée jusqu'ici de la guerre en général. Ces instructions doivent représenter la guerre sous ses véritables couleurs; elles doivent être fondées sur la vérité que, s'il faut posséder en temps de paix beaucoup de talens et de vertus pour être utile à la patrie, ces talens et ces vertus sont bien plus nécessaires, et se déploient avec bien plus d'énergie en temps de guerre. Celui donc qui veut remplir ses devoirs envers l'État, doit en avoir une parfaite connaissance, par la raison que la probité dans un emploi public, en temps de paix, et l'emploi de toutes ses forces dans le temps de guerre où le salut public est menacé, supposent des efforts très-différens. Le salut d'un État ne peut être assuré que quand les efforts se réunissent, et que tous les citoyens prennent, dans tous les temps, un vif intérêt aux affaires publiques. Il faut donc réveiller le patriotisme de tous ceux qui jouissent de la protection du gouvernement, et de celle que l'État accorde à leurs personnes et à leurs propriétés; il faut le rendre attentif à l'état dans lequel la patrie peut se trouver un jour; il faut donner à l'esprit public une direction telle que, dans les jours du danger, tous les efforts se réunissent pour le repousser.

Il n'y a aucune de ces idées qui ne puisse être comprise, et par conséquent germer dans l'ame de la multitude. Si ce développement a lieu, il en résultera une plus grande conformité dans les opinions sur la guerre; la guerre sera pour tous les citoyens le moment de déployer leur énergie, et, pour le gouvernement, celui de recueillir le fruit de ses leçons et de ses soins paternels.

Il n'est pas nécessaire de révéler le secret de la situation particulière de l'État à ceux que l'on veut instruire à le défendre; car le chef suprême de l'État seul doit connaître cette situation.

Mais il faut que les causes de la guerre soient énoncées d'une manière claire et distincte, afin que chacun puisse les juger, en accuser l'ennemi, et le repousser avec énergie.

Enfin, il est nécessaire d'accoutumer de bonne heure les jeunes gens d'une nation à se pénétrer des principes que nous avons exposés dans la dernière partie de notre ouvrage; c'est-à-dire, de la puissance de la volonté, des avantages du caractère belliqueux, et de l'influence qu'il exerce sur la prospérité d'un État. Il faut les convaincre que la science toute seule reste sans fruits, si les vérités qu'elle enseigne ne sont pas soutenues par des vertus pratiques. C'est pour avoir méconnu l'espace énorme qui sépare la pensée de l'action, et le savoir de la vertu, que plus d'une nation s'est trouvée sur le penchant de sa ruine.

Un second moyen de favoriser le développement du caractère guerrier, c'est de réchauffer sans cesse le sentiment de l'honneur national. Les peuples qui ont un caractère belliqueux n'ont jamais méconnu cet honneur, et ont su le nourrir de toute manière. L'honneur national est le *palladium* de l'État; c'est de sa conservation que dépend son salut. Les suites que sa perte entraîne sont un découragement absolu, un mépris de soi-même, un relâchement de toutes les forces morales, et la dernière catastrophe qui entraîne la ruine des individus dans celle de l'État.

Et comment, en effet, serait-il possible qu'un peuple qui a perdu son honneur pût conserver son indépendance et une énergie quelconque? Son génie, son esprit, ses lois, ses mœurs, tout lui devient indifférent, tout a perdu sa valeur à ses yeux; tout ce qui était national lui déplaît; tout ce qui est étranger lui paraît préférable, car c'est dans l'étranger que l'honneur s'est réfugié.

Ce peuple, jadis la gloire de la contrée, est tombé, et ne se relèvera plus. Exposé à la merci de tous ses voisins, il n'a ni la force ni la volonté de repousser leurs outrages, et de défendre ses foyers. Il deviendra leur victime et leur proie : ceux-ci se partageront ses dépouilles, et s'étonneront de la facilité avec laquelle ils ont renversé, mutilé, anéanti ce colosse, qui leur parut long-temps si redoutable! Telle est en dernière analyse la fin des peuples qui, en abjurant l'honneur national, ont commencé par perdre leur indépendance et leur énergie.

Un peuple qui a perdu son honneur national, ou qui le voit menacé d'un œil tranquille, ressemble à un homme qui a perdu le sien; de quelque côté que celui-ci se tourne dans la société, il ne rencontre que des regards méprisans, il n'entend que des propos qui le flétrissent; et la certitude d'avoir mérité ce mépris le prive entièrement de ses forces, de sa volonté et de son courage. Ce n'est pas seulement le calme intérieur de l'ame qu'il a perdu (car l'homme qui serait insensible à la honte ne mériterait pas le titre d'un être raisonnable), mais les sources mêmes de son industrie et de sa prospérité se tarissent, il se trouve abandonné, sans secours et sans consolation, dans toutes les peines qui l'assaillent de toute part. Les autres hommes cherchent, avec un plaisir malin, l'occasion de l'humilier et de le maltraiter; la justice de l'opinion publique a disparu pour lui. S'il était possible que dans une telle situation l'homme pût regagner pleinement le sentiment de son honneur, un désespoir sans bornes serait son partage, à moins que ce même sentiment d'honneur ne pût lui indiquer en même-temps le moyen de se soustraire au malheur qui l'accable.

Voilà l'état d'un peuple déshonoré. Il se plaint amèrement de son sort; il se maudit lui-même, s'il a conservé une ombre de fierté nationale. Les meilleurs et les plus sages de ses citoyens sentent leur cœur navré. L'outrage dont la nation est comblée couvre leur ame de deuil. Les emblèmes de la grandeur nationale existent encore, mais les objets qu'ils représentent ne sont plus : tout cela produit un affreux contraste et un effet épouvantable. Tandis que l'étranger s'en moque, le patriote se renferme dans sa demeure solitaire, et se noie dans ses larmes. Il voudrait, et il n'ose fuir son pays; car quel est le citoyen d'une nation si humiliée qui oserait aller montrer dans une terre étrangère la honte de sa patrie? Le souvenir de ses ancêtres qui jouissaient de plus d'honneur, qui ont vu couler leur sang pour la gloire de leurs armes et pour celle de leur patrie, qui se sacrifiaient pour elle, dont les actions furent long-temps le trésor dont la gé-

nération présente jouissait avec complaisance :
ce souvenir est cruel pour quiconque a conservé
des entrailles.

Les malheureux qui n'auront pas perdu le
souvenir de leur ancienne gloire, croiront, dans
leurs rêves douloureux, voir leurs ancêtres se
ranimer, se redresser, secouer la poussière de
leur vénérable tête, et jeter sur leurs enfans
dégénérés des regards mêlés de colère et de mépris !.... De quel effroi seront-ils pénétrés, quand
ils passeront devant les tombeaux de ceux qui
furent contemporains d'un autre âge? Quel sai-
sissement ils éprouveront quand, après avoir
contemplé le champ de bataille où furent jadis
élevés des trophées à la gloire et un autel à la
patrie, ils jetteront un coup d'œil sur les restes
de cette même patrie?.... Ces souvenirs, ces
pensées funestes, ces traces effacées, ces monu-
mens dégradés, seront pour eux autant de causes
de désespoir, autant de flammes ardentes qui
amolliraient des cœurs d'acier. Celui qui serait
insensible à un tel spectacle serait un être mal-
traité par la nature : je souhaite, Messieurs, de
toute mon ame, qu'une telle insensibilité ne soit
jamais notre partage.

Ce n'est donc pas en vain que les grands capitaines, les législateurs, tous les hommes d'État,

ont cherché les moyens de faire naître, d'entretenir et d'échauffer l'honneur national. Ce n'est pas en vain qu'ils l'ont représenté comme le principal foyer du patriotisme.

S'il règne un patriotisme pur dans un État, si des idées saines sur la guerre y sont répandues, et que par là un caractère guerrier se soit développé dans la nation, jalouse de son honneur national, alors il sera possible d'en former un État belliqueux et capable de braver tous les orages (1).

On ne peut pas créer un tel État sans de grands préparatifs, et sans les arrangemens qui doivent être étroitement liés à l'organisation sociale, et devenir, pour ainsi dire, des habitudes. Ce que, dans l'antiquité, on appelait *État*, n'était souvent qu'un ensemble composé de hordes barbares, ou consistait dans une forme de gouvernement, dans des projets de conquête, lesquels etaient transmis d'une génération à l'autre : tel était le gouvernement de Rome. Ces formes ne

____

(1) « La vraie puissance d'un prince ne consiste pas
« tant dans la facilité qu'il y a à conquérir, que dans
« la difficulté qu'il y a à l'attaquer, et, si j'ose parler
« ainsi, dans l'immutabilité de sa condition. »

MONTESQUIEU, *Esprit des Lois*, tome I, *Force
défensive des États.*

peuvent plus renaître parmi nous, parce que les peuples dégénérés ne sont plus capables de ces grands et longanimes efforts. Au contraire, les projets de conquête d'un monarque meurent avec lui, parce que leur exécution exige une série de grands hommes, dont on voit rarement plusieurs générations de suite. Au reste, ces plans ne contribuent pas à rendre un État belliqueux; car le caractère de la nation prend une autre direction dès que la force motrice lui manque.

Il faut donc préparer d'autres ressources dans l'intérieur de cette nation, pour remplacer artificiellement ce qu'ont produit dans l'ancienne Macédoine, à Sparte et à Rome, les mœurs et les lois, qu'il n'est plus possible de faire revivre. Ce n'est cependant qu'une organisation fondée sur ce principe qui puisse être de quelque stabilité; car les penchans, les principes et les caractères ne se changent pas aussi facilement que les formes et les méthodes de gouvernement.

Dans un État vraiment guerrier, tous les ressorts sont tendus avec la plus grande vigueur d'après un plan fixe et une mesure donnée; et, d'après leur nature et leur destination, ils atteignent le but principal, c'est-à-dire, ils assurent l'indépendance de la nation. Une telle nation connaît parfaitement et ses forces et celles de l'étranger.

21.

Ainsi, en connaissant le principe vital qui lui est propre, en établissant un accord parfait entre son économie politique et la simplification de tous les ressorts administratifs, elle dirigera tous ses efforts vers son but avec plus de facilité et de succès que ne ferait un autre peuple qui négligerait quelques-unes de ces mesures.

Permettez-moi, Messieurs, de m'expliquer ici un peu plus clairement, et de vous tracer, en forme de résumé, les principaux traits caractéristiques d'un État guerrier.

Je suppose que cet État a adopté, dans le sens le plus strict, la seule idée qui lui sert de fondement, et de laquelle dérivent tous ses principes. Voici ses principes :

1°. L'éducation doit y être conforme aux vérités que nous venons d'énoncer. C'est de l'éducation qu'un caractère guerrier doit recevoir sa première impulsion.

2°. Dans un État guerrier, tous ceux qui sont en état de porter les armes, doivent être toujours prêts à les prendre.

3°. La législation et l'administration de la justice sont adaptées au caractère guerrier.

4°. Un État guerrier fait le moins de dépenses possible pour l'administration civile, et autant que possible pour l'organisation militaire.

5°. Tous les biens de la nation constituent le trésor de l'État. La nation toute entière est son armée, représentée par les troupes actives.

6°. Quelques parties perfectionnées de l'administration ne doivent jamais prévaloir sur l'ensemble de l'État, puisque le plus haut degré de perfection n'est pas toujours ce qu'il y a de plus désirable.

7°. Un État guerrier connaît la limite qui sépare la tension permise d'une tension violente, qui aurait pour effet de désorganiser ses forces.

8°. Un État guerrier connaît les élémens de son indépendance et de sa force vitale, élémens qui, étroitement liés à sa nature et à son organisation politique, deviennent autant de lois fondamentales.

9°. La politique, les finances et la guerre, sont inséparables dans un État guerrier.

L'esprit guerrier d'un État se manifeste dans la facilité et la célérité avec lesquelles on peut faire usage de ces dispositions organiques. Les ressources d'un État, tel que nous venons de le décrire, supposé qu'elles ne soient pas trop faibles, ne peuvent être anéanties que par des levées en masses des nations voisines. Autrement il pourra se maintenir contre les armées régulières d'un autre peuple, parce que ces armées ne pourraient résister aux forces réunies de celui-ci. S'il est probable que des guerres faites en masse contre les masses d'une autre nation n'auront jamais lieu, on serait tenté de croire, avec M. de Bulow, que de telles organisations, si elles pouvaient s'effectuer, finiraient par réaliser le vœu chimérique du bon abbé de Saint-Pierre, celui d'une paix perpétuelle. Quoi qu'il en soit, il faut que la force principale d'un État belliqueux soit fondée sur la force morale de ses citoyens, et sur le développement de leur caractère, parce qu'il n'y a pas de moyens de remplacer ces facultés.

Ce qui est certain, c'est que si jamais l'organisation guerrière d'un État peut parvenir à un degré de perfection quelconque, l'État y trouvera le garant le moins récusable de l'immutabilité de son existence. L'histoire nous enseigne au surplus que les forces physiques seules d'un État ne suffisent pas toujours à sa conservation, et que l'on ne peut rien substituer à la diminution des forces intellectuelles et morales dans les gouvernemens et dans les gouvernés. Donc, quoique toutes les institutions des hommes, et par conséquent les organisations guerrières d'un État, soient assujetties à des variations, ces organisations seront toujours dignes des efforts

des peuples. Au moins, les nations qui possèdent
en elles-mêmes, au moyen de ces organisations,
la mesure de leur force et de leur stabilité, se-
ront-elles souvent averties de penser à elles-
mêmes, de cultiver et de mettre en équilibre
les forces qui seront indispensables pour assurer la durée de leur existence?

Je crois, en effet, Messieurs, que ces réflexions
sur l'organisation d'un État guerrier, toutes dé-
fectueuses qu'elles peuvent paraître, ne sont
cependant pas indignes de votre attention. Je
crois avoir démontré jusqu'où va l'influence de
la force de la volonté sur le salut des empires;
et comment, dans une organisation qui contient
en elle-même le garant le plus puissant de la
durée de son existence, il s'agit, avant tout,
de mettre en équilibre cette force morale avec
la force intellectuelle, en considérant la première comme le mobile le plus actif de toutes
les autres.

Permettez-moi maintenant d'ajouter quelques
observations sur l'état où se trouve la génération présente, relativement à la faculté de la
volonté, et à ce qui concerne un caractère
guerrier, avec des remarques sur ce qui pourrait être utile à cette génération. Je tâcherai

de mettre dans cet examen autant de précision que d'impartialité.

La génération présente a sans doute fait de grands progrès dans les sciences, et il serait injuste de n'en pas convenir. Il est encore permis de croire que les défauts et les vices dont on accuse cette même génération, sont le produit de l'égarement, plutôt que celui de la réflexion. Mais, pour la juger avec l'impartialité qui convient dans une cause aussi grave, il est nécessaire de s'élever au-dessus des préjugés dominans, et de choisir, dans l'espace, un point d'où l'on puisse apprécier le bien et le mal; et dire, sans passion : *le bien est ici, le mal est là*. Or, c'est l'histoire qui nous offre ce point de vue, en nous offrant un moyen de comparaison entre les siècles passés et le siècle présent.

En faisant cette comparaison, nous nous apercevons que, dans les temps passés, les hommes étaient sans contredit moins avancés dans la culture des sciences et des arts, que nous, qui avons pu tirer un grand parti de leurs découvertes dans tous les genres, de leurs inventions, et de leurs progrès passés; mais en revanche, nous reconnaîtrons que nous sommes restés fort en arrière dans les sciences morales, et dans l'étude de nos facultés d'action. Ces facultés dérivent du perfectionnement de la volonté qui doit être active dès qu'il s'agit de prendre part aux affaires de la vie publique et à celles de la vie privée ; et il est très-possible de jouir dans un degré éminent de ces facultés sans pouvoir être compté au nombre des savans qui se flattent d'accélérer la marche de l'esprit humain.

Cependant ces pas rétrogrades n'ont pas été faits d'une manière irrévocable ; et il est facile d'en expliquer la cause. Ce sont les suites ordinaires d'une culture trop raffinée et de mœurs trop amollies : à force d'analyser le sentiment, on est venu à bout de le faire évaporer ; à force de lumières, on s'est égaré sur la route qui devait conduire à la vertu. Tous les peuples qui sont arrivés au plus haut degré de culture s'amollissent, et leurs forces morales tombent dans un état de dépérissement général, sauf quelques exceptions. L'équilibre dont nous avons parlé si souvent, et qui doit régner entre le savoir et la volonté, se trouve perdu : c'est alors que la nature humaine laisse voir toute sa faiblesse.

Mais cet équilibre est-il possible? Est-il possible de trouver un juste milieu entre les lumières et la vertu, entre les progrès de l'esprit humain et l'énergie de la volonté ? Je le crois, et j'ose dire, en outre, que s'il fut une époque où ce phénomène apparut aux yeux des hommes, ce fut celle du seizième et du dix-septième siècle. Cette opinion est susceptible de controverse, je ne l'ignore pas. Mais il serait trop long et peut-être superflu d'alléguer ici les preuves qui me paraissent l'appuyer.

Quoi qu'il en soit, il ne serait pas impossible de rappeler le même phénomène par des moyens artificiels. Il faudrait, pour cela, le concours de grands événemens et de grands princes : sans ce concours, il sera difficile de placer les peuples dans l'heureuse nécessité de cultiver en même temps, et, pour ainsi dire par des voies parallèles, leurs facultés morales et intellectuelles, les sciences et la volonté, l'esprit et le cœur.... Les circonstances, qui peuvent favoriser ce déployement de toutes les forces humaines sont extrêmement rares ; mais il n'est pas défendu de les appeler de tous nos vœux.

Le rétablissement de l'équilibre dont nous venons de parler ayant été suspendu momentanément, nos contemporains ont toujours continué à suivre la route qu'ils avaient choisie ; ce qui nous fournit l'occasion de faire quelques remarques, qui ne sont pas sans intérêt.

Les progrès dans les arts libéraux et dans les

sciences ont d'abord inspiré une prédilection pour la théorie en général, ce qui a fait oublier la pratique. On aime à faire des découvertes, sans se donner la peine d'examiner ce qui a déjà été inventé; et c'est ainsi que des choses connues et oubliées depuis long-temps reparaissent comme nouvelles à nos yeux. Pour s'en convaincre, il suffit de se rappeller cette multitude d'opinions et d'hypothèses qui ont paru de nos jours sur des matières philosophiques, politiques ou guerrières.

Pendant qu'on multipliait les découvertes, prétendues dans les sciences et dans les arts, on perdait de vue l'application des anciennes vérités; on négligeait la science la plus utile, celle de l'expérience, on poussait la manie de la nouveauté jusqu'au mépris de tout ce qui portait le caractère auguste de l'antiquité : on voulait du neuf. Tout ce qui était neuf était excellent, uniquement parce qu'il était neuf; tout ce qui était vieux, était détestable, uniquement à cause de son âge. telle fut la source des brillantes théories qui ont égaré la génération actuelle ; telle fut l'amorce de toutes ces innovations dangereuses qui se sont répandues avec tant de rapidité dans la morale, comme dans la politique civile et guerrière.

Il y a sans doute encore des personnes raisonnables qui déplorent ces funestes méprises ; mais les autres, et c'est le plus grand nombre, ne se doutent même pas qu'ils sont dans l'erreur, et que cette erreur est une véritable extravagance : et, par cette raison, ils commettent souvent, sans le savoir, de grandes injustices ; ils applaudissent de toutes leurs forces l'homme qui se dit l'inventeur d'une théorie nouvelle ; et cette théorie, renouvelée des Grecs, n'a d'autre mérite que d'être revêtue d'un éclat faux et emprunté.

C'est ainsi, par exemple, que les idées de M. de Folard sur l'art de la guerre reparaissent dans le monde encore une fois, et reprennent une nouvelle faveur, quoique, depuis plus d'un demi-siècle, leur vanité soit bien reconnue.

Les progrès dans les sciences modernes semblent ouvrir une vaste carrière à l'esprit humain ; et lui permettent de croire qu'il peut impunément s'élancer dans l'infini. De là cet étrange scepticisme répandu sur toutes les découvertes anciennes ; de là cet orgueilleux mépris de la science de nos pères. L'esprit toujours agité, et toujours favorisé par de nouveaux succès, marche au hasard, sans guide et sans boussole. Où arrivera-t-il ? A des connaissances précaires, que détruiront bientôt de nouvelles découvertes qui, à leur tour, éprouveront le même sort.

Conséquemment, le militaire ne voulant pas rester en arrière, s'efforçant au contraire de se porter à la hauteur des connaissances de ses contemporains (comme l'on se plaît à le dire), et vivant dans des distractions continuelles, qui lui permettent rarement d'approfondir les choses, s'égare dans les vaines théories que lui offrent, sous des formes nouvelles, des écrivains superficiels qui connaissent à peine les élémens de la guerre.

En considérant enfin le peu de peine que se donnent les docteurs militaires de nos jours, aussi légers de savoir que d'expérience, à l'effet de parvenir eux-mêmes au caractère belliqueux, on ne peut s'empêcher d'en redouter les conséquences. Partout on étale beaucoup d'appareil dans l'art militaire, et l'on paraît empressé de tout rapporter à cet appareil, sans se douter du fond des choses, sans savoir quel poids peut mettre dans la balance l'habitude d'une volonté forte, et de quelle manière chacun peut mettre ses plans à exécution. C'est de là que dérivent cette foule d'expédiens que l'on propose et que l'on croit nécessaires pour faire la guerre, et cette ostentation de placer aussi peu que possible les événemens sur le compte de la fortune ou du hasard. Le hasard est sans doute un fond sur lequel on ne doit pas compter. Cependant l'on ne saurait le faire disparaître tout-à-fait ni l'entraver. On doit donc simplement se borner, dans cet état variable qu'on appelle *guerre*, et où le caprice de la fortune domine si souvent, à ne vouloir que tirer parti de ce caprice, sans croire qu'on puisse le maîtriser entièrement.

Or, la théorie ne nous fournit que très-peu de lumières pour suivre cette méthode ; parce que tout l'art n'existe que dans la tête de l'artiste ; que celui-ci, quand il s'agit de la pratique, ne peut faire usage que de très-peu de ses ressources, et qu'il se voit réduit à les puiser, pour la majeure partie, dans lui-même. Il s'en acquittera mieux, s'il a reçu de la nature des talens propres à cet objet ; et il fera de grandes fautes, si ces talens lui manquent. Il est donc singulier que tout ce qu'ont écrit les savans dans l'art de la guerre ne paraisse dicté que dans l'ignorance profonde de ces vérités. Mais en quoi consisterait donc la grande difficulté de cet art, si ce n'est précisément en ce qu'il ne peut être ni enseigné ni étudié, pour ce qui regarde au moins les parties qui influent essentiellement sur le succès des petits et des grands événemens, et en ce que *la pratique en grand ne consiste au fond que dans une succession d'inventions ?* Il est vrai que la théorie fournit quelques lumières, mais il est encore plus vrai que ces lumières ne sont pas d'une grande utilité.

L'auteur des *Considérations sur l'art de la guerre* (feu M. de Berenhorst) a rencontré beaucoup de contradicteurs, qui ont tâché de lui prouver qu'il fallait chercher le moyen d'enlever au hasard le pouvoir qu'il exerce. Mais cet auteur a parfaitement raison; et, malgré les contradictions des théoriciens qui le craignaient, on lui a rendu un véritable hommage en finissant par adopter une partie de ses vues. Ces objections cesseraient peut-être, si l'on voulait mieux apprécier l'influence du personnel, et que l'on fût disposé à ne pas attacher à toutes les théories un prix plus haut qu'elles ne méritent, en ne les considérant que comme une introduction à l'art, et jamais comme l'art lui-même.

Voilà précisément ce que l'on fait, quand on veut changer la théorie de l'art de la guerre en science réglée, par le moyen de laquelle l'on puisse enseigner cet art et les talens qu'il exige. Cependant, en me rapportant à ce que j'ai dit sur ce sujet en parlant de la stratégie, j'ajoute qu'une telle science étant impossible, et la guerre ne pouvant jamais être convertie en une science indépendante, il faudra chercher d'autres moyens pour cultiver l'art et les talens qui s'y rapportent. En effet, il ne pourrait jamais y avoir de grands capitaines, et il y aurait peu de mérite à déployer les grandes qualités qu'ils doivent posséder, si la guerre pouvait devenir une véritable science (1).

Il n'est pas difficile de faire des réflexions philosophiques après coup; mais il est difficile d'en faire, avant d'entrer en action, parce que cela dépend, dans toute la force du terme, de la manière particulière de voir. Il n'y a que les têtes fortement organisées qui la possèdent dans un degré éminent; et il n'est pas possible de les copier fidèlement. Tout ce que l'on peut faire, c'est d'acquérir la force nécessaire pour

---

(1) L'on peut dire que, comme il s'agit d'une force de caractère belliqueux dans les armées, et d'un développement encore plus énergique de cette faculté dans les généraux en chef, il serait ridicule de parler des progrès que fait l'art de la guerre dans la théorie de ses parties supérieures; car cet art repose presque totalement sur les facultés de la volonté, qui ont de tout temps appartenu à la nature humaine, quoique les hommes n'en aient pas fait usage. On peut bien perfectionner l'art mécanique d'une armée; mais cela n'est point l'art de la guerre dans un sens plus élevé, c'est-à-dire, ce qu'il y a de plus décisif dans la guerre même.

entrer en action. Il ne faut s'en tenir qu'à l'esprit qui les anime, et non pas au sens littéral de leur histoire, ni aux causes auxiliaires qui contri-buerent à leur élévation. Cependant nos théo-riciens n'ont pas rempli la première de ces con-ditions, car il y en a fort peu qui aient suivi les traces des Tempelhoff, des Berenhorst, et des Retzow (1). Cette méprise a produit une foule d'o-pinions mal digérées, dont on se scandaliserait davantage, s'il était possible qu'elles parvinssent à la postérité de la même manière que sont parvenues jusqu'à nous les opinions des philoso-phes scolastiques des siècles passés.

Ces opinions mal comprises sont cependant encore plus corrompues par l'esprit de notre siècle, et ont fait naître l'espèce de philantrophie guerrière dont j'ai parlé. Cette théorie paraît être une des suites de notre extrême civilisation, et ne mérite d'éloges qu'à cause de la bonne in-

---

(1) Les ouvrages de M. Carnot et de M. le lieutenant général baron Rogniat font de même une exception bien remarquable ; on peut les regarder comme classiques, et dignes de l'attention de toutes les nations. Ce sont surtout les *Considérations sur l'art de la Guerre*, de M. le général Rogniat, qui méritent d'être étudiées par tous les militaires.

tention de ses auteurs. Mais sa véritable origine vient de la dégénération dans les idées, et ses effets sont pernicieux. De ces derniers est résulté un renversement dans l'acception du caractère naturel que la guerre doit avoir. C'est pourquoi les auteurs militaires modernes s'émerveillent, quand on veut le réintégrer dans ses droits.

Si ce haut degré de culture de la théorie et cette philantropie guerrière, ainsi que l'amour de l'indépendance qui règne parmi nous, étaient liés à de justes réflexions sur la nature de la chose, et à une grande énergie de volonté, alors on pourrait croire au rétablissement de l'équilibre dont nous avons parlé, et il en résulterait une indépendance dont la génération présente pourrait se glorifier. Mais nous en sommes malheureusement bien loin : une certaine suffisance fondée sur le caprice, et suite naturelle de nos brillantes théories de la culture partielle, s'oppose à cette union. De là viennent ces jugemens critiques que chacun se permet de prononcer sur tous les sujets guerriers, et principalement sur la conduite des généraux.

Après une opération manquée, l'on ne s'étonne pas de la manière dont une faute a été commise par des vues fausses et par un défaut de résolution, mais on s'étonne comment on a pu négliger, dans cette circonstance, les règles de la théorie. On n'apprécie que rarement les difficultés qu'on a rencontrées pour mettre ces règles en pratique. C'est une bagatelle pour nos guerriers modernes attachés à la théorie, de s'imaginer un instant qu'ils sont capitaines. On veut tout mesurer, tout calculer; on veut autant que possible enchaîner la fortune, et être bien sûr du succès dans toutes les entreprises. Mais une aveugle fatalité est un méchant guide. Elle se rit de tous les calculateurs qui, d'eux-mêmes, ne sont pas capables de produire un événement, et qui s'obstinent à nous le démontrer. Ceux-ci, fiers de leur savoir, voulaient se moquer de la fortune, et la fortune leur tourne le dos.

Peut-être comprendra-t-on dans la suite que tout ce qui s'appelle *savoir* a des bornes, et qu'à la guerre, rien n'est plus important que la faculté qui fait passer de la pensée à l'action. On apprendra alors à apprécier la juste valeur des idées purement spéculatives, et l'on parviendra à mettre une plus grande confiance en soi-même. Dans ce moment, bien des gens croient encore qu'on peut trouver des ressources dans la théorie, ou donner, par son moyen, des conseils

22.

salutaires, sans avoir recours à l'influence du caractère personnel. Tout le monde se fait donc un devoir d'étudier, soit afin de s'aider soi-même, soit afin de pouvoir donner des conseils aux autres. Les chefs aiment à tenir des conseils; on conseille, et l'on se laisse conseiller. La confiance en soi est ébranlée et finit par s'évanouir.

Nous ne pouvons pas nous dissimuler, Messieurs, que cette culture trop raffinée n'ait eu de fort mauvais effets, à moins que, par une condescendance déplacée, nous ne voulions nous tromper nous-mêmes et les autres. Sans compter la prééminence qu'on accorde aux spéculations théoriques, on néglige de cultiver les qualités personnelles, que nous avons réunies sous le nom de *force de volonté*; car, comme la théorie, d'après l'opinion presque généralement reçue, est capable de faire d'aussi grandes choses, il paraît sans doute superflu de penser au perfectionnement de cette force. Cette négligence a contribué à faire dégénérer les acceptions, ce qui est extrêmement pernicieux. L'idée seule du développement des facultés morales est déjà une pierre d'achoppement pour un grand nombre d'hommes qui ne sont tout au plus capables que d'occuper leur esprit. Quant aux choses un peu plus élevées, il est certain que le vulgaire ne pourra jamais les atteindre. La génération présente ne pénètre pas aussi loin. Les opinions sur le salut des États et sur l'amour de la patrie ne sont pour elle tout au plus que des sujets dignes de réflexion, et qui n'ont pas besoin d'être animés de la chaleur du sentiment. Au moins ces sujets ne sont pas pour nous d'un intérêt assez grand pour influencer nos actions. Tout le monde préfère de vaquer à ses affaires particulières, sans penser à faire, avec une sorte d'enthousiasme, des vœux, et encore moins des sacrifices, pour le salut général. Cette habitude est la cause que les plus grandes idées sur de tels objets ne sont accueillies qu'avec une sorte d'indifférence, dont on serait fort surpris, si l'on n'en connaissait pas la source. Cette source est l'absence de toute énergie, de cette force morale qui devrait animer toutes nos facultés.

Une telle dégradation des facultés les plus précieuses que l'homme possède, influe en même temps sur les habitudes et sur les mœurs. Comme de grandes connaissances conduisent à de grandes lumières, et les lumières à l'amour de l'indépendance, en se croyant élevé au-dessus de ce qui est ordinaire, on méprise ce qu'on rencontre tous les jours, et l'on rend amère la jouissance de la vie. Les jeunes gens de nos jours peuvent avoir plus d'esprit que ceux qui vivaient il y a trois ou quatre générations; mais, certes, ils ont beaucoup moins d'ame et de sentiment (1). Comme cependant cet abâtardissement ne peut résulter d'un dépérissement de la nature humaine, qui reste toujours la même dans ses élémens, on ne peut en attribuer la cause qu'à un développement disproportionné des facultés intellectuelles et des facultés morales. Cette raison suffit, quand il n'y en aurait pas d'autres, pour se convaincre que la génération présente

---

(1) Voici le jugement que prononça Mercier, il y a nombre d'années, sur les Parisiens de son temps, et l'on ne peut disconvenir que cet arrêt ne soit encore applicable aujourd'hui à tous nos jeunes contemporains. « Je « crois, dit-il, remarquer que la génération qui s'élève « a un caractère dénigrant, dédaigneux, froidement « hautain. Le temps de la jeunesse est le temps de l'en- « thousiasme : si, au lieu de le ressentir, elle veut « juger et discuter, jamais elle ne connaîtra le charme « profond des arts. En croyant perfectionner le goût, « elle tombera dans la froideur et la sécheresse, parce « que la source de nos sentimens tarit bientôt, lorsque, « rejetant l'instinct, nous voulons examiner de trop près « la raison de nos jouissances. »

est atteinte à un plus haut degré que les générations précédentes d'orgueil et d'égoïsme. A ces
deux vices se joignent des connaissances brillantes, mais superficielles, et un goût plus raffiné,
qui, réagissant sur l'imagination, produit le
fâcheux effet d'en déssécher la source, au lieu
de la vivifier.

Et toutes ces causes se réunissant pour enlever à la jeunesse sa noble énergie, l'expérience
à l'âge mûr, et à toutes nos facultés leur exercice naturel, nous vieillissons avant le temps,
nous tombons en pourriture avant la maturité,
et nous mourons sans avoir vécu.

Ce n'est pas seulement sur la génération
présente que frappe ce terrible anathème; il
atteint les générations futures. On sait que
des pères dégénérés n'engendrent point d'enfans sains et robustes.

Les jeunes gens de nos jours n'ont ni les
défauts ni les vertus de leur âge. Graves et
penseurs, ils nient les faits, rejettent l'expérience, démentent la nature, et n'admettent
point les vérités connues. Politiques et raison-
neurs, le commerce, la liberté, la législation,
la philosophie, sont le sujet de leurs entretiens
habituels. Ils ont renoncé à la gaieté; ils ambi-
tionnent la profondeur : ils se font cosmopo-

lites, pour se dispenser d'être patriotes. Ils critiquent tout, dédaignent tout, et ne conservent que pour eux-mêmes l'amour et l'admiration qu'ils refusent à toutes les grandeurs passées et présentes.

Les résultats que l'on peut tirer du tableau que nous venons de tracer sur la civilisation de nos jours, ne sont, à la vérité, pas trop encourageans ; mais, hélas ! il faut bien nous résigner aux conséquences, si nous admettons les prémisses. La maladie de nos contemporains, qui résulte des causes que nous avons expliquées, ne doit cependant pas tellement absorber notre attention, qu'il ne nous soit pas possible d'en chercher le remède. En l'avouant franchement, et en l'appelant de son véritable nom, il faut, au lieu d'éclater en vaines plaintes, rechercher les moyens de revenir à de meilleurs temps, pour peu que les esprits s'y trouvent favorablement disposés.

Le plus grand malheur de la génération présente est de manquer de caractère en général, et en particulier du caractère belliqueux.

On ne peut nier que les peuples n'aient perdu une partie de leur force morale, de celle qui jadis les mettait spontanément en action. Les suites de cette perte seraient incalculables, s'il n'y avait pas moyen de les prévenir.

Il en résultera toujours, quelque chose qu'on fasse, un grand affaiblissement dans leurs facultés. L'éducation, l'amour de l'étude, l'activité, l'exercice, l'art de saisir l'à-propos, la volonté, tout ira en se dégradant, si l'on n'abandonne pas, dès à présent, la routine qu'on suit, pour prendre la route que nous avons indiquée.

Dans la première de ces deux hypothèses, la génération future sera probablement plus instruite et plus civilisée que nous; mais elle sera moins que nous encore capable d'entrer en action.

Cela peut s'appliquer à toutes les connaissances pratiques, parce que leur application est en grande partie fondée sur des qualités personnelles, et que, sans elles, la théorie ne sera jamais qu'un capital mort.

Il n'y a pas de métier où la vérité de nos observations soit plus sensible que dans celui de la guerre. C'est là ce que je m'étais proposé, Messieurs, de vous expliquer dans cet Ouvrage. Jusqu'à présent, on ne s'est malheureusement pas donné assez de peine pour examiner cette affaire, quoiqu'on n'ait pu douter de son influence ; car pourquoi voit-on tous les jours employer tant de fausses mesures et tant de méthodes absurdes, qu'on eût évitées si l'on n'eût pas méconnu ce qui est véritablement décisif.

On n'est pas porté, il est vrai, dans notre siècle, à admettre ce qu'il y a de plus décisif et de plus grand dans les entreprises, dans les affaires en général, et dans celles de la guerre en particulier. L'on aime, au contraire, à suivre littéralement le système des écoles, et l'on est tout au plus disposé à copier, sans savoir ce qu'on fait, et sans même qu'on veuille le faire. Cependant, comme nous savons qu'on ne prospère que par une sage conduite, et que l'inconséquence ne prospère jamais (1), il nous paraît toujours surprenant qu'on tarde si fort à découvrir le principe et la cause de ces égaremens. Nous devons en même temps trouver singulier qu'il ne se soit pas encore trouvé un seul de ces polygraphes tourmentés de la démangeaison

---

(1) Où prospère le sage,
L'imprudent fait naufrage :
Le sort est en nos mains.

Frédéric II.

d'écrire, qui ait eu l'idée d'en faire mention. Il faut donc répéter sans cesse le reproche que l'on doit faire aux peuples, que, malgré l'étendue de leur savoir, ils vivent plus dans un monde idéal que dans le monde réel. Au moins aucun théoricien n'a-t-il pu jusqu'ici nous démontrer que les théories ont une influence immédiate sur la vie pratique.

Il n'y a que des moyens extraordinaires qui puissent remédier à ce grave inconvénient, lequel résulte et de la mollesse, et d'une culture trop raffinée. Ces moyens doivent, s'il est possible, suppléer artificiellement à ce qui manque à l'état naturel de la culture de nos jours, ou plutôt ils doivent donner à celle-ci une direction vers le but que nous nous sommes proposé.

Il y a sans contredit, aujourd'hui, beaucoup plus de personnes dont la science amollit le caractère, qu'il y en a dont les talens pratiques surpassent les connaissances. On s'entend tout au plus aux dispositions préliminaires. C'est pourquoi des actions font aujourd'hui du bruit, qui autrefois n'auraient pas été remarquées, parce que la nécessité de juger les hommes d'après leurs actions, et non d'après leur savoir, peut bien être méconnue, mais ne perd jamais ses droits.

Notre siècle a l'air d'aspirer à la grandeur. Eh bien! voici la route pour y arriver. Les grands hommes ont été de tout temps des hommes énergiques. Ils comprirent de bonne heure ce que les autres n'ont aperçu qu'avec le temps, c'est-à-dire, la nécessité d'être les maîtres de leur volonté. L'exemple de nos pères, qui n'avaient tous ni assez de génie ni assez de pénétration pour s'apercevoir de l'obscurité que le défaut des lumières de notre siècle laissait dans leur esprit; cet exemple, disons-nous, prouve que tous les hommes peuvent parvenir à un certain degré de force morale.

Mais si l'on croit que ces réflexions sont inutiles, que la science de nos jours est la seule digne de nos études et de notre ambition, que la génération présente mérite sous tous les rapports la préférence sur toutes celles qui l'ont précédée, alors il n'y a plus rien à faire ni à espérer, car l'on ne se voit et l'on ne se connaît pas soi-même. Si, dans ce cas, les nations doivent se perfectionner, ce sera pour arriver plus vite à de plus grands malheurs. Toute leur instruction ne leur servira qu'à se

reconnaître dans l'abyme où elles seront irrévocablement tombées. Les grandes adversités
que souffrent les peuples ont une voix beaucoup plus forte et plus intelligible que toutes
les démonstrations. Ces sortes de leçons fournissent le seul moyen à l'aide duquel les nations
dégénérées peuvent être restaurées et mises
sous la sauve-garde d'une sage éducation.

Je souhaite, Messieurs, que nos contemporains soient dispensés de recevoir des leçons
aussi amères. Puissent, au contraire, leurs
lumières, d'accord avec leur volonté, les ramener, par des moyens plus doux, au véritable chemin dont ils se sont écartés. Alors
nos neveux ne se souviendront qu'avec mépris de nos théories tant vantées et de nos
mœurs si corrompues; ils ne nous reprocheront
pas avec aigreur d'être la cause de leurs malheurs.

Déposons au fond de notre ame la conviction
intime de cette importante vérité, et tâchons
de faire entrer cette conviction dans la vie pratique. Agissons, exerçons-nous ; donnons du
mouvement à toutes nos facultés, autant qu'il
est en notre pouvoir : commençons d'abord
par opérer sur nous-mêmes; et ce bon exemple
influera sur les autres. Par là, nous mériterons

véritablement de la société. La route que je vous indique n'est pas un chemin frayé ; mais elle vous conduira à un but honorable. Entrons dans cette route, Messieurs ; entrons-y courageusement et d'un commun accord........ Les vœux les plus nobles que nous puissions former désormais, sont d'y rencontrer beaucoup de personnes qui partagent nos sentimens et nos travaux. L'objet est grand ; la vie est courte.

FIN.

TABLE

DES MATIÈRES.

www.ingramcontent.com/pod-product-compliance
Ingram Content Group UK Ltd.
Pitfield, Milton Keynes, MK11 3LW, UK
UKHW022057120726
13694UKWH00001B/199